养老金融知识简本

国家电网有限公司　编

中国电力出版社
CHINA ELECTRIC POWER PRESS

图书在版编目（CIP）数据

养老金融知识简本 / 国家电网有限公司编 . —北京：
中国电力出版社，2023.12（2024.3重印）

ISBN 978-7-5198-8408-6

Ⅰ.①养… Ⅱ.①国… Ⅲ.①养老－金融业－基本知
识－中国 Ⅳ.①F832

中国国家版本馆 CIP 数据核字（2023）第 238540 号

出版发行：中国电力出版社
地　　　址：北京市东城区北京站西街 19 号（邮政编码 100005）
网　　　址：http://www.cepp.sgcc.com.cn
责任编辑：石　雪　高　畅　曲　艺
责任校对：黄　蓓　王海南
装帧设计：锋尚制版
责任印制：钱兴根

印　　　刷：北京九天鸿程印刷有限责任公司
版　　　次：2023 年 12 月第一版
印　　　次：2024 年 3 月北京第三次印刷
开　　　本：787 毫米 ×1060 毫米　16 开本
印　　　张：14.5
字　　　数：191 千字
定　　　价：78.00 元

编委会

主　任 李　峰
副主任 鞠宇平　王　利

编写组

习近平总书记在党的二十大报告中指出，实施积极应对人口老龄化的国家战略，发展养老事业和养老产业，做出了健全社会保障体系，发展多层次、多支柱养老保险体系等重大部署。养老金融是指为了应对老龄化挑战，围绕社会成员的各种养老需求所进行的金融活动的总和，是实现"老有所养"的重要财富管理手段。

2023年10月，中央金融工作会议召开，明确做好养老金融等五篇大文章的工作部署，养老金融在中央层级会议中被正式提出，并首次列入国家金融服务实体经济的重点工作。近年来，我国养老金融产品持续扩容，养老金融事业进入快速发展阶段，这对于促进我国长期资本市场完善，推进普惠金融发展，改善民生福祉的重要意义日益凸显。

为深入学习贯彻党的二十大及中央金融工作会议精神，积极服务国家经济社会发展大局，国家电网有限公司在建立健全员工多层次多支柱养老保障体系方面开展了大量工作，为员工在养老金融方面提供了触手可及、专业高效、持续陪伴的全过程支撑服务。针对员工养老金融知识总体匮乏的现状及提升需求，国家电网有限公司社会保障管理中心（人力资源共享中心）大力开展养老金融知识普及行动，系统总结梳理养老金融相关制度解读、产品特点、投资实践等内容，组织编写了《养老金融知识简本》（以下简称《简本》）。《简本》的出版旨在广泛宣传普及养老金融知识，提高广大员工养老金融素养，为员工理性规划养老资金储备相关知识和技能，持续增强员工的获得感、幸福感和安全感，助力公司"一体四翼"高质量发展。

《简本》分为四篇十六章，包括形势政策篇、投资工具篇、养老服务篇、投资实践篇，以一问一答的形式，将专业的金融术语及知识深入浅出地讲解出来，同时列举了案例、小贴士及拓展阅读等内容，信息量大，专业性、实用性和可读性强，是一本入门级的养老金融知识普及、投资指导的工具书，也是公司养老金融投资者教育的指定用书。

《简本》编写组成员汇集了公司系统内英大集团、英大人寿、英大长安、英大信托、英大基金和高培中心等单位相关专业人员，以及建设银行、华夏基金、国寿养老、太平养老等金融机构的相关专家。在《简本》的编写过程中，先后邀请了政府主管部门、高校、学术团体、行业协会、金融机构，以及公司各单位年金（社保）部门负责人等数十位专家参与审稿，力求内容精准、表述规范，以具备良好的指导意义和实用价值。由于养老金融事业发展迅速，受编写组成员专业水平所限，本书未尽之处期待与广大读者一道持续完善。

桑榆非晚，柠月如风。长寿时代，每个成年人都宜积极备老，及早规划、及早储备，实现老有所养，颐年可期！

编者

2023年12月

目录

第三章 第二支柱：企业年金（职业年金）

第四章　第三支柱：个人养老金

投资工具篇

第五章　养老储蓄

第六章　银行理财

第七章　公募基金

第八章　商业保险

第九章　商业养老金

第十章　养老信托

养老服务篇

第十一章　养老模式

第十二章　创新型养老服务

投资实践篇

第十三章　养老资金规划与投资

第十四章　养老投资风险防控

第十五章　财富传承

第十六章　国家电网公司养老金融特色服务

形势政策篇

　　本篇包括我国人口老龄化与养老形势、基本养老保险、企业年金（职业年金）、个人养老金四章内容，全面介绍了我国养老保险三支柱的概念、特点、参加条件、查询方式、领取条件等，对了解国家、单位和个人在养老保障中的相互关系，唤醒个人养老储备意识，合理安排三支柱养老保障计划有一定帮助，是阅读和理解后续章节的基础。

第一章　人口老龄化与养老形势

1　什么是人口老龄化？

根据《老年人权益保障法》，老年人是指60周岁以上的公民。1986年，我国出版的《人口学辞典》将人口老龄化定义为：人口中老年人比重日益上升的现象，尤其是指在已经达到老年状态的人口中，老年人口比重继续提高的过程（老年人口比重是指60或65岁以上人口数占总人口数的比重）。其中有两层含义：一是人口老龄化是一个老年人口比重不断提高的动态过程，二是特指人口年龄结构已经进入老年型人口状态。

国际上关于老龄化有两种定义标准。一是按照65岁及以上人口占比定义。1956年，联合国《人口老龄化及其社会经济后果》确定的划分标准是，当一个国家或地区65岁及以上人口数量占总人口比例超过7%时，意味着这个国家或地区进入老龄化。二是按照60岁及以上人口占比定义。1982年，联合国在维也纳召开老龄问题世界大会，确定60岁及以上人口占总人口比例超过10%，意味着这个国家或地区进入老龄化。老龄化程度具体标准见表1-1。

老年人口比重是衡量人口老龄化最重要、最直观的一个指标，但不是唯一的指标。老化指数、少儿人口比例、老少比、年龄中位数等指标都可以在一定程度上反映人口老龄化的状况。因此，准确衡量一个国家或地区的人口老龄化程度，应该将这些指标综合起来进行评价。

表1-1　老龄化程度具体标准

标准	老龄人口占总人口比例	老龄化程度
1956年联合国标准	65岁及以上人口占总人口比例>7%	进入老龄化
	65岁及以上人口占总人口比例>14%	深度老龄化
	65岁及以上人口占总人口比例>20%	超级老龄化
1982年联合国标准	60岁及以上人口占总人口比例>10%	轻度老龄化
	60岁及以上人口占总人口比例>20%	中度老龄化
	60岁及以上人口占总人口比例>30%	重度老龄化
	60岁及以上人口占总人口比例>35%	深度老龄化

2 我国人口老龄化形势如何?

　　人口老龄化是一个不以人们意志为转移的客观规律,是社会进步的表现。人口老龄化的直接原因是生育率和死亡率的降低,但根本原因是社会生产力的发展。

　　国家统计局的数据显示,1999年,我国60岁及以上人口占全国总人口的10.2%,这标志着我国进入了轻度老龄化社会。随后老龄化开始加速发展,截至2022年年末,60岁及以上人口已占全国总人口的19.8%。根据国家卫生健康委测算,预计"十四五"时期,60岁及以上人口将突破3亿,占比将超过20%,进入中度老龄化阶段。到2035年左右,60岁及以上人口将突破4亿,占比将超过30%,进入重度老龄化阶段。我国部分省(自治区、直辖市)2022年年末常住人口老龄化数据概况见图1-1。

60岁及以上人数（万人）	省（自治区、直辖市）	60岁及以上人数占比（％）
1158.00	辽宁	27.60
592.93	吉林	25.30
618.97	上海	25.00
1974.00	江苏	23.20
712.11	重庆	22.20
515.00	内蒙古	21.50
465.10	北京	21.30
1559.00	河北	21.00
1376.00	湖南	20.80
811.00	陕西	20.50
711.07	山西	20.40
1329.00	浙江	20.20

图1-1　我国部分省（自治区、直辖市）2022年年末常住人口老龄化数据概况

数据来源：各地统计局。

3　我国人口老龄化呈现什么特点？

新中国成立以来，我国人口发展先是经历了一段时期的年轻化过程，从1953年的第一次全国人口普查到1964年的第二次全国人口普查，老年人口比重是下降的。从1964年开始，老年人口比重上升，到1999年进入老龄化社会，之后的20年老年人口比重增速明显加快，人口老龄化程度持续加深。总体来说，我国人口老龄化的发展具有人口规模大、发展速度快、发展不平衡、少子化等特点。

人口规模大[1]。截至2022年，我国65岁及以上人口数量达到2.1亿，占总人口的14.9％。2022年全球65岁及以上人口数量达到7.71亿，中国占比约27％，相当于全球每4个老年人中就有一个中国人。

发展速度快。根据历次人口普查统计数据（见图1-2），2000年65岁及以上人口占比较1990年增加1.39个百分点，2010年65岁及以上人口占比较

---

[1] 国际上衡量老龄化普遍采用65岁及以上人口标准，为保持同口径可比，采用65岁及以上人口标准。

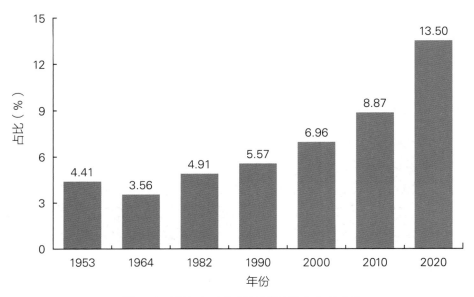

图1-2 历次人口普查65岁及以上人口占比

数据来源：根据国家统计局网站人口普查数据整理。

2000年增加1.91个百分点，2020年65岁及以上人口占比较2010年增加4.63个百分点。近30年来，人口老龄化速度呈加快趋势，这意味着应对人口老龄化的战略机遇期将快速逝去，政策准备期将大为缩短。

发展不平衡。根据近三次人口普查统计数据（见图1-3），2000年我国乡村65岁及以上人口占比较城镇高1.08个百分点，2010年乡村65岁及以上人口占比较城镇高2.26个百分点，2020年乡村65岁及以上人口占比较城镇高6.58个百分点。近20年来，城镇和乡村的老龄化程度都在增长，两者的老龄化程度差异进一步扩大，乡村的老龄化程度较城镇的增速更快。

少子化。在老龄化加剧的同时，我国又面临少子化压力。相较于维持人口总量不变的世代更替水平2.1，2022年我国总和生育率降至不到1.1，在目前世界上人口过亿的国家中属于较低生育水平。根据国家统计局公开数据显示，我国人口出生率自2017年以来连续六年下降，2022年人口自然增长率开始负增长。

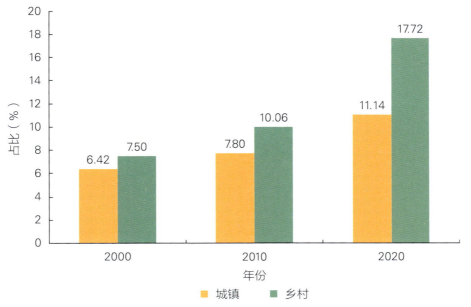

图1-3　近三次人口普查65岁及以上人口占比

数据来源：根据国家统计局网站人口普查数据整理。

 小贴士

　　世代更替水平，指的是子代数量能够替代父母一代数量的更替水平，低于该标准可能意味着人口发展不均衡。

4 人口老龄化带来的养老方面的挑战是什么？

　　人口老龄化带来的养老方面的直接挑战是养老负担加重。根据国家统计局公开数据，2022年我国老年人口抚养比达21.8%，与2020年相比上升2.1个百分点（见图1-4）。根据经济合作与发展组织预测，2060年我国老年人口抚养比将突破54.8%，相当于平均不到2名劳动年龄人口赡养1名老年人。

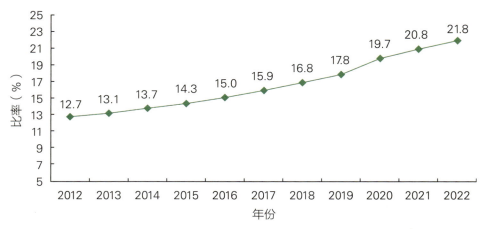

图1-4　2012—2022年全国65岁及以上老年人口抚养比

数据来源：国家统计局。

 小贴士

　　老年人口抚养比也称老年人口抚养系数，指某一人口中老年人口数与劳动年龄人口数之比，通常用百分比表示，表明每100名劳动年龄人口要负担多少名老年人。老年人口抚养比是从经济角度反映人口老龄化社会后果的指标之一。

5 发达国家建立了什么样的养老保险体系?

　　发达国家普遍建立三支柱养老保险体系。第一支柱是政府强制性缴纳的基本养老保险，也称公共养老金；第二支柱是以企业（职业）年金为代表的职业养老金；第三支柱是国民自愿参与的个人养老金。三支柱养老保险制度体系的构成与基本要素见表1-2。

表1-2　三支柱养老保险制度体系的构成与基本要素

支柱	责任主体	筹资模式	财税政策
第一支柱	政府主导	强制缴费型 财政补贴型	财政补贴 税收优惠
第二支柱	单位主导	自愿（自动）参加 劳资双方缴费 完全积累 市场化运营	税收优惠
第三支柱	个人主导	个人自愿参加 个人缴费 完全积累 市场化运营	税收优惠

在国际典型的三支柱养老保险制度体系中，政府、企业和个人三方责任明确、相互补充、形成合力，提供多渠道且可靠的养老保障。同时，发达国家养老金资产储备较为充足，以美国为例，截至2022年年末，第一、第二和第三支柱资产规模总计达36.5万亿美元。

6　我国建立了什么样的养老保险体系？

2021年，《国民经济和社会发展第十四个五年规划和2035年远景目标纲要》明确提出，发展多层次、多支柱养老保险体系。经过多年的探索和实践，我国已经初步构建了符合当今国际养老保险体系改革发展趋势，国家、企业和个人责任共担的三支柱养老保险体系架构。第一支柱为政府主导并负责管理的基本养老保险；第二支柱由政府倡导、企业自主加入的企业年金和机关事业单位强制加入的职业年金构成；第三支柱则是由个人自愿参与、政府提供税收优惠等政策支持的个人养老金和其他个人商业养老金融构成。

个人养老金制度于2022年落地实施，是我国社会保障事业高质量发展、可持续发展的重要举措，有利于积极应对人口老龄化，构建功能更加完备的多层次、多支柱的养老保险体系（见图1-5）。

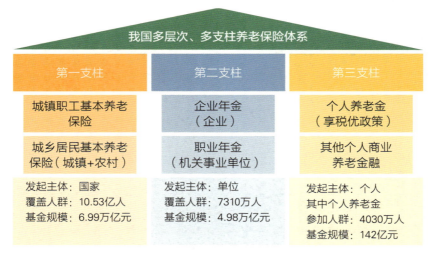

图1-5　我国多层次、多支柱养老保险体系

数据来源：人社部，其中第一支柱和第二支柱数据截至2022年12月底，个人养老金数据截至2023年6月30日。

拓展阅读

全国社会保障基金

根据《全国社会保障基金条例》（国务院令第667号）规定，我国设立全国社会保障基金，由中央财政预算拨款、国有资本划转、基金投资收益和以国务院批准的其他方式筹集的资金构成。全国社会保障基金是国家社会保障储备基金，用于人口老龄化高峰时期的养老保险等社会保障支出的补充、调剂。

7 我国养老金储备情况如何？

截至2022年年底，我国基本养老保险基金累计结余6.99万亿元。2012—2022年，我国基本养老保险基金累计结余总体呈现稳步增长趋势，但增长率逐步放缓（见图1-6）。随着我国老龄化程度不断加深，基本养老保险基金的财务可持续性压力加大。

图1-6　2012—2022年我国基本养老保险基金结余情况

数据来源：《人力资源和社会保障事业发展统计公报》。

8 为应对人口老龄化，我国制定了什么样的战略目标？

2019年11月，国务院印发《国家积极应对人口老龄化中长期规划》（简称《规划》）。2020年10月，十九届五中全会提出"实施积极应对人口老龄化国家战略"，这是党的文献首次将积极应对人口老龄化上升到国家战略层面。《规划》短期至2022年，中期至2035年，长期展望至2050年，是我国积极应对人口老龄化的战略性、综合性、指导性文件。《规划》指出，人口老龄化是社会发展的重要趋势，是人类文明进步的体现，也是今后较长一段时期我国的基本国情。人口老龄化对经济运行全领域、社会建设各环节、社会文化多方面乃至国家综合实力和国际竞争力，都具有深远影响，挑战与机遇并存。

《规划》明确了积极应对人口老龄化的战略目标，即积极应对人口老龄化的制度基础持续巩固，财富储备日益充沛，人力资本不断提升，科技支撑更加有力，产品和服务丰富优质，社会环境宜居友好，经济社会发展始终与人口老龄化进程相适应，顺利建成社会主义现代化强国，实现中华民族伟大复兴的中国梦。到2022年，我国积极应对人口老龄化的制度框架初步建立；到2035年，积极应对人口老龄化的制度安排更加科学有效；到21世纪中叶，与社会主义现代化强国相适应的应对人口老龄化制度安排成熟完备。

《规划》从五个方面部署了应对人口老龄化的具体工作任务：一是夯实应对人口老龄化的社会财富储备；二是改善人口老龄化背景下劳动力有效供给；三是打造高质量为老服务和产品供给体系；四是强化应对人口老龄化的科技创新能力；五是构建养老、孝老、敬老的社会环境。

2021年11月，《中共中央 国务院关于加强新时代老龄工作的意见》指出，将老龄事业发展纳入统筹推进"五位一体"总体布局和协调推进"四个全面"战略布局，推动老龄事业高质量发展，走出一条中国特色积极应对人口老龄化道路。

同年12月，国务院印发《"十四五"国家老龄事业发展和养老服务体系规划》（国发〔2021〕35号），明确了国家老龄事业发展目标，即"十四五"时期，积极应对人口老龄化国家战略的制度框架基本建立，老龄事业和产业有效协同、高质量发展，居家社区机构相协调、医养康养相结合的养老服务体系和健康支撑体系加快健全，全社会积极应对人口老龄化格局初步形成，老年人获得感、幸福感、安全感显著提升。

第二章 第一支柱：基本养老保险

9 什么是基本养老保险？

基本养老保险，是国家根据法律、法规的规定，强制建立和实施的一种社会保险制度。根据参保人群的不同，基本养老保险可分为城镇职工基本养老保险和城乡居民基本养老保险。

城镇职工基本养老保险，是指参保职工按规定缴纳养老保险费达到法定期限或法定退休年龄后，国家和社会为其提供物质帮助，以保证其因年老或病残退出劳动领域后，仍具有稳定、可靠的生活来源的一项社会保险。根据参保对象不同，城镇职工基本养老保险可分为机关事业单位养老保险及企业职工基本养老保险。

城乡居民基本养老保险，是国家为保障城乡居民年老后基本生活而建立的一项基本养老保险制度，实行个人缴费、集体补助、政府补贴的筹资模式，基础养老金和个人账户养老金相结合的待遇支付方式。

 小贴士

机关事业单位养老保险适用于按照（参照）《公务员法》管理的机关（单位）、事业单位及其编制内的工作人员。企业职工基本养老保险适用于城镇各类企业及职工、个体工商户、灵活就业人员等。

📖 拓展阅读

城镇职工基本养老保险和城乡居民基本养老保险的主要区别

　　城镇职工基本养老保险和城乡居民基本养老保险的主要区别体现在参保对象、强制性要求、缴费标准、待遇领取条件四个方面，具体见表2-1。

表2-1　城镇职工基本养老保险和城乡居民基本养老保险的主要区别

类别	参保对象	强制性要求	缴费标准	待遇领取条件
城镇职工基本养老保险	各类企业、社会团体、个体工商户等参保单位职工，机关事业单位职工，无雇工的个体工商户、未在用人单位参加基本养老保险的非全日制从业人员以及其他灵活就业人员	强制用人单位为劳动者缴纳（用人单位为非全日制的劳动者和个体工商户不强制缴纳）	按月缴纳，缴费基数与个人工资水平和当地社平工资等因素有关	达到法定退休年龄，累计缴费满十五年
城乡居民基本养老保险	年满16周岁（不含在校学生）、未参加城镇职工基本养老保险的城乡居民	由居民自行参保，不做强制要求	自愿选择缴费档次，按年缴费，政府根据居民缴费多少给予补贴，与个人缴费一同存入个人账户	年满60周岁（不分性别），累计缴费满十五年，且未领取国家规定的基本养老保障待遇

10 职工基本养老保险的缴费标准是什么？

城镇职工基本养老保险采取统一的社会统筹与个人账户相结合的制度模式，实行单位和个人缴费，单位缴费部分记入统筹基金，个人缴费部分记入个人账户。

单位缴费金额，是由单位缴费基数乘以缴费比例计算得出。其中，单位缴费基数有两种确定方式：一是按照用人单位发放的职工工资总额来确定，二是按照职工个人缴费基数之和来核定。目前，全国大部分地区城镇职工基本养老保险单位缴费比例为16%，具体根据各地人社部门规定执行。

个人缴费金额，是由个人缴费基数乘以缴费比例计算得出。其中，个人缴费基数按照职工本人上年度月平均工资计算，并结合参保地公布的缴费基数上下限综合考虑确定：若本人上年度月平均工资在缴费基数上下限之间，则按照上年度月平均工资作为缴费基数；若本人上年度月平均工资超过缴费基数上限（一般为当地社平工资的300%），则按上限计算；若本人上年度月平均工资低于缴费基数下限（一般为当地社平工资的60%），则按下限计算。目前，全国大部分地区城镇职工基本养老保险个人缴费比例为8%，具体根据各地人社部门规定执行。

此外，新参加工作或失业后再就业的人员，转业、复员、退伍军人，由机关或其他企、事业单位调（转）入企业的人员，在缴纳基本养老保险费时，以进入本企业工作第一个月的工资作为当年各月缴费工资基数。从第二年起，以本人上一年在本企业应发工资的月平均工资作为缴费工资基数。

人社部门每年要对缴费基数进行调整，就是因为职工上年度月平均工资和各地公布的缴费基数上、下限发生了变化，所以要核定新的缴费基数。缴费基数在每个社保缴费年度进行调整，目前全国各省对社保缴费年度的设定暂未统一，一般存在两种标准：一是每年7月—次年6月为一个年度，二是每年1—12月为一个年度。

11 职工基本养老保险个人账户是什么?

职工基本养老保险个人账户是指社会保险经办机构以居民身份证号码为标识,为每位参加基本养老保险的职工个人设立的唯一的、用于记录职工个人缴纳的养老保险费和从企业缴费中划转记入的基本养老保险费(按照国家规定,从2006年1月1日起,个人账户全部由个人缴费形成,企业缴费不再划入个人账户),以及上述两部分的利息金额的账户。个人账户不得提前支取,参保人退休时,可按相应的基本养老金计算方式领取个人账户里的资金。如参保人死亡,个人账户中的个人缴费部分可以继承。但对于在2006年1月1日以前参保的职工,个人账户除了职工本人缴费外,还有从企业缴费中划转的一部分,该部分不能继承。

12 职工基本养老保险个人账户如何计息?

职工基本养老保险个人账户按照规定的记账利率计算利息。2016年以前,职工基本养老保险个人账户记账利率由各地公布。《人力资源社会保障部　财政部关于印发统一和规范职工养老保险个人账户记账利率办法的通知》(人社部发〔2017〕31号)规定,自2016年起,统一机关事业单位和企业职工基本养老保险个人账户记账利率,每年由国家统一公布。记账利率不得低于银行定期存款利率,免征利息税。

13 职工如何查询自己的基本养老保险个人账户信息?

为方便职工查询本人的社会保险权益,国家和地方人社部门提供了多种渠道,见图2-1。

1	电话查询	职工可拨打12333，按语音提示操作，自助查询基本养老保险账户信息
2	网站查询	职工可登录国家社会保险公共服务平台（http://si.12333.gov.cn）、全国人力资源和社会保障政务服务平台（http://www.12333.gov.cn），注册后查询基本养老保险账户信息
3	手机查询	职工可通过电子社保卡（App、小程序等服务渠道）、"掌上12333"App，或参保地人社部门微信公众号等，查询基本养老保险账户信息
4	现场查询	职工可携带身份证件或社保卡，到参保地社保经办机构大厅或指定银行办理查询业务

图2-1　基本养老保险个人账户查询方式

14 职工应重点关注基本养老保险个人账户中的哪些内容？

为了方便职工及时了解个人基本养老保险参保、缴费等信息，各地建立了基本养老保险年度对账制度，为职工提供社会保险个人缴费信息对账单，见图2-2。职工取得对账单后，应核对个人缴费情况，主要关注以下信息：

（1）个人参保信息。对账单显示的个人参保信息应与实际相符，其中姓名、社会保障号码必须与个人身份证信息一致。

（2）累计缴费年限。累计缴费年限指从个人账户建立之月至对账年度年底的累计年限，是影响个人基本养老金高低的重要因素，通过缴费月数可看出是否存在断缴、漏缴的情况。

（3）缴费基数。个人缴费基数根据本人上一年度月平均工资和当地公布的缴费基数上、下限确定。

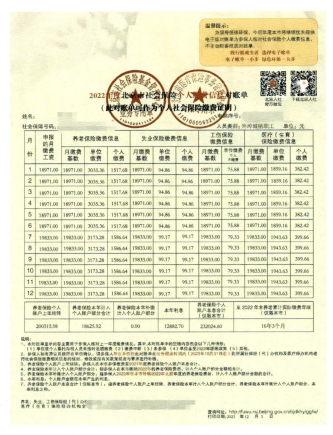

图2-2　社会保险个人缴费信息对账单

15 职工基本养老保险临时账户和一般账户是什么?

根据《人力资源社会保障部关于印发城镇企业职工基本养老保险关系转移接续若干具体问题意见的通知》(人社部发〔2010〕70号)规定,男性年满50周岁和女性年满40周岁的人员,首次参保地为非户籍所在地的,参保地应为其建立临时基本养老保险缴费账户,简称"临时账户"。反之则为一般账户。

参保人可根据自己在非户籍所在地首次参保时的年龄辅助判断,或通过12333电话服务热线等向参保地社保经办机构查询本人账户性质。

小贴士

　　根据国家规定，参保人员在建立临时基本养老保险缴费账户期间达到待遇领取条件时，原保留基本养老保险关系所在地负责将其临时基本养老保险缴费账户进行归集归并。其中，只有临时基本养老保险缴费账户的，由户籍所在地负责归集归并，并在办理转入手续的同时进行参保信息登记。也就是说，属于"临时账户"的参保人员达到法定退休年龄时，不可在"临时账户"参保地申请养老退休待遇，需办理职工基本养老保险关系转移，回到上一个缴费年限满十年的参保地或者户籍所在地按规定领取养老保险待遇。

16 职工离职后基本养老保险如何处理？

　　职工离职后，基本养老保险按不同情况有不同处理方式。

　　（1）离职后当月或次月入职新单位。职工离职后，原单位按规定缴清各项社保费后停保，入职新单位后按规定随新单位参保。

　　（2）离职后暂未就业。职工离职后，原单位按规定缴清各项社保费后停保，可以由个人继续参保。个人参保一般包含两种情况：一是以灵活就业人员身份在工作所在地继续参加城镇职工基本养老保险；二是以城乡居民身份在户籍所在地参加城乡居民基本养老保险。

　　（3）个人参保一段时间后，入职新单位。如不涉及跨省或跨制度（由城乡居民基本养老保险转入城镇职工基本养老保险）流动，个人无须办理基本养老保险转移手续，新单位直接办理参保缴费。如涉及跨省或跨制度流动，则需要办理基本养老保险转移手续。

　　职工丁某的户籍所在地为浙江省杭州市，在北京某单位工作3年后主动辞职，工作期间正常缴纳基本养老保险费。丁某辞职后未进入新的用人单位，可以灵活就业人员身份在北京继续参加城镇职工基本养老保险，也可以城乡居民身份在杭州参加城乡居民基本养老保险。辞职一年后，丁某又在北京某企业找到一份新工作，则由新的用人单位为丁某在北京办理城镇职工基本养老保险参保缴费。

17 职工出国（境）定居等特殊情况基本养老保险如何处理？

　　参保人员在达到法定的领取基本养老金条件前离境定居的，其个人账户予以保留，达到法定领取条件时，按照国家规定享受相应的养老保险待遇。其中，丧失中华人民共和国国籍的，可以在其离境时或者离境后书面申请终止职工基本养老保险关系。社会保险经办机构收到申请后，应当书面告知其保留个人账户的权利以及终止职工基本养老保险关系的后果，经本人书面确认后，终止其职工基本养老保险关系，并将个人账户储存额一次性支付给本人。

　　职工在被判刑、劳动教养期间，停止缴纳基本养老保险费。根据《关于进一步做好刑满释放、解除劳教人员促进就业和社会保障工作的意见》（综治委〔2004〕4号）规定，在服刑、劳教前已经参加基本养老保险，刑满、解除劳教时未达到退休年龄的，应继续按规定缴纳养老保险费，退休时按规定享受基本养老保险待遇；刑满、解除劳教后已达到退休年龄，且符合享受基本养老保险待遇条件的，按规定享受养老保险待遇。

职工未达到法定退休年龄时因病或非因工致残完全丧失劳动能力的，可以领取病残津贴，所需资金从基本养老保险基金中支付。

职工未达到法定退休年龄时因病或非因工死亡的，其遗属可以领取丧葬补助金和抚恤金，所需资金从基本养老保险基金中支付。

18 职工基本养老保险的视同缴费年限是什么？

视同缴费年限指参保职工实际缴费之前，按国家规定计算的连续工作年限。视同缴费年限的认定依据是原劳动部办公厅《关于印发〈职工基本养老保险个人账户管理暂行办法〉的通知》（劳办发〔1997〕116号）。职工在实行企业和职工个人共同缴纳基本养老保险制度之前，按国家规定计算为连续工龄的时间，都可以作为视同缴费年限。

此外，机关事业单位正式职工调入企业后，其原有（2014年10月1日之前）的工作年限为视同缴费年限。复员退伍军人、城镇下乡知识青年被招为合同制工人，且参加了基本养老保险的，其军龄及下乡期间按国家规定计算为连续工龄的年限，可作为视同缴费年限。

 小贴士

不同地区、行业的职工参加基本养老保险制度的时间不同，在计算视同缴费年限时，应根据个人实际情况确定视同缴费年限的起止时间。例如，某职工于1982年10月参加工作，于1993年1月按照电力行业政策开始参加职工基本养老保险，则1982年10月—1992年12月即为视同缴费年限。

拓展阅读

如何计算个人累计缴费年限？

个人累计缴费年限包括实际缴费年限和视同缴费年限。实际缴费年限，是指职工参加基本养老保险后，按规定按时足额缴纳基本养老保险费的年限；累计缴费年限，不同于连续缴费年限，包括个人在中断缴费前后的缴费年限，也包括个人在不同统筹地区的缴费年限。

19 哪些情况可以办理基本养老保险关系转移接续？

参保人员跨省或跨制度流动，可以转移养老保险关系。如由于工作变动，变动前后参保关系不在同一个省，就是跨省流动，需要转移养老保险关系；如之前在农村务农，参加了城乡居民养老保险，之后应聘到企业上班，又参加了城镇职工养老保险，这是跨制度流动，也需要转移养老保险关系；如已经开始领取养老金，不管什么情况都不用再转移养老保险关系。

企业职工在省内流动就业的，不需要转移养老保险关系。目前，全国各省已实现企业职工养老保险省级统筹，省内流动就业不需要转移养老保险关系，只需办理变更登记即可。如果在省内机关事业单位之间或机关事业单位与企业之间流动的，需要转移基本养老保险关系。

拓展阅读

养老保险关系转移有年龄、时间限制吗？

参保人员在按国家规定领取基本养老保险待遇前，均可在城镇职工养老保险和城乡居民养老保险制度内办理关系转移。参加城镇职工养老保险、城乡居民养老保险两种制度需办理衔接的人员，在达到城镇职工养老保险法定退休年龄后、领取养老保险待遇前可申请办理制度衔接。在按规定领取基本养老保险待遇前转移养老保险关系，没有时间限制，可选择现在办理或领取待遇前办理。

20 如何办理基本养老保险关系转移接续?

参保人可以直接到新参保地的社保经办机构提出申请办理，也可以选择登录国家社会保险公共服务平台或"掌上12333"App申请养老保险关系转移，填写本人基本信息和转移信息后，通过认证即可完成申请，还可以在线查看申请审核结果、跟踪转移进度。

21 职工基本养老保险待遇有哪些?

职工基本养老保险待遇主要包括基本养老金、遗属待遇、病残津贴三种，见图2-3。

按规定参加职工基本养老保险的职工，达到法定退休年龄且累计缴费满十五年的（含视同缴费年限），按月领取基本养老金

参加职工基本养老保险的职工，因病或者非因工死亡的，其遗属可以领取丧葬补助金和抚恤金

在未达到法定退休年龄时因病或者非因工致残完全丧失劳动能力的，可以领取病残津贴

图2-3　职工基本养老保险待遇种类

22　职工基本养老金的领取条件是什么？

根据《社会保险法》规定，参加基本养老保险的个人，达到法定退休年龄时累计缴费满十五年的，按月领取基本养老金。

 小贴士

根据《国务院关于工人退休、退职的暂行办法》（国发〔1978〕104号）和《关于制止和纠正违反国家规定办理企业职工提前退休有关问题的通知》（劳社部发〔1999〕8号）规定，国家法定的职工退休年龄为男性满60周岁、女工人年满50周岁、女干部年满55周岁；从事井下、高空、高温、特别繁重体力劳动或其他有害身体健康工作（简称"特殊工种"）的，退休年龄为男性年满55周岁、女性年满45周岁；因病或非因工致残，由医院证明并经劳动能力鉴定委员会确认完全丧失劳动能力的，退休年龄为男性年满50周岁、女性年满45周岁。

23 职工达到法定退休年龄，基本养老保险累计缴费不满十五年怎么办？

职工可以有三种选择：

（1）可以延长缴费至满十五年。若在《社会保险法》实施前（2011年7月之前）参保、延长缴费五年后仍不足十五年的，可以一次性缴费至满十五年。

（2）可以申请转入户籍所在地城乡居民基本养老保险，享受相应的基本养老保险待遇。

（3）累计缴费不足十五年，且未转入城乡居民基本养老保险的，个人可以书面申请终止基本养老保险关系。社会保险经办机构收到申请后，应当书面告知其转入城乡居民基本养老保险的权利和终止职工基本养老保险关系的后果；经本人书面确认后，终止其职工基本养老保险关系，并将个人账户储存额一次性支付给本人。

24 多地参保职工在哪里领取基本养老保险待遇？

多地参保职工按照"户籍地优先、从长、从后计算"原则确定基本养老保险待遇领取地，具体分为以下三种情况：

（1）基本养老保险关系在户籍所在地的，由户籍所在地负责办理待遇领取手续，享受基本养老保险待遇。

（2）基本养老保险关系不在户籍所在地，而在其基本养老保险关系所在地累计缴费年限满十年的，在该地办理待遇领取手续，如有多段基本养老保险关系均满十年，在最后一个满十年的省份办理待遇领取手续。

（3）基本养老保险关系不在户籍所在地，且在其基本养老保险关系所在地累计缴费年限不满十年的，将其基本养老保险关系转回上一个缴费年限满十年的原参保地办理待遇领取手续，如果在每个参保地的累计缴费年限均不满十年的，将其基本养老保险关系及相应资金归集到户籍所在地，由户籍所在地按规定办理待遇领取手续。

25 职工基本养老金如何计算？

《国务院关于建立统一的企业职工基本养老保险制度的决定》（国发〔1997〕26号）实施后参加工作、缴费年限（含视同缴费年限，下同）累计满十五年的人员，退休后按月发给基本养老金。基本养老金由基础养老金和个人账户养老金组成。退休时的基础养老金月标准以当地上年度在岗职工月平均工资和本人指数化月平均缴费工资的平均值为基数，缴费每满一年发给1%。个人账户养老金月标准为个人账户储存额除以计发月数，计发月数根据职工退休时城镇人口平均预期寿命、本人退休年龄、利息等因素确定。基本养老金计算方法见图2-4。

人员类别		待遇
国发〔1997〕26号文件实施前已退休的人员	情况一	仍按国家原来的规定发给基本养老金，同时执行基本养老金调整办法
国发〔1997〕26号文件实施前参加工作，实施后退休且缴费年限累计满十五年的人员	情况二	基础养老金+个人账户养老金+过渡性养老金
国发〔1997〕26号文件实施后到达退休年龄但缴费年限累计不满十五年的人员	情况三	不发基础养老金，个人账户储存额一次性支付给本人，终止基本养老保险关系

图2-4　基本养老金计算方法

以北京市为例，基本养老金主要分三种情况测算：

 情况一　　1998年7月1日以后参加工作、符合按月领取基本养老金条件的职工，月度养老金计算公式如下：

月度养老金=月个人账户养老金+月基础养老金

- 月个人账户养老金=个人账户储存额（累计缴费额度及利息）÷计发月数（若55岁、60岁退休，计发月数分别为170、139个月）

- 月基础养老金=（当地上年度职工月平均工资+本人指数化月平均缴费工资）÷2×缴费年限×1%

- 本人指数化月平均缴费工资=当地上年度（退休前一年）职工月平均工资×本人实际缴费工资指数

- 本人实际缴费工资指数=（参加工作第1年月个人缴费基数平均值÷当地上年度职工月平均工资+……+参加工作第N年月个人缴费基数平均值÷第N−1年当地职工月平均工资）÷N

情况二 1998年6月30日以前参加工作，2006年1月1日以后符合按月领取基本养老金条件的职工，月度养老金计算公式如下：

月度养老金=月个人账户养老金+月基础养老金+月过渡性养老金

- 月个人账户养老金、月基础养老金计算过程和上述一致。
- 月过渡性养老金为按视同缴费年限计算的月过渡性养老金与按实际缴费年限计算的月过渡性养老金之和，即：

月过渡性养老金=当地上年度职工月平均工资×视同缴费年限×1%+当地上年度职工月平均工资×本人实际缴费工资指数×职工1992年10月1日至1998年6月30日的实际缴费年限×1%

情况三 2006年1月1日以后达到退休年龄但个人累计缴费年限不满十五年的职工，不发给基础养老金；个人账户储存额一次性支付给本人，同时发给一次性养老补偿金，终止基本养老保险关系。

☆ 案例

职工李某，男，1961年11月11日出生，1983年8月参加工作，1993年1月开始缴纳基本养老保险，于2021年11月办理退休手续、12月开始领取基本养老金。根据北京市基本养老金有关政策，其月度养老金为个人账户养老金、基础养老金、过渡性养老金之和，具体计算如下：

（1）个人账户养老金=402104.72/139=2892.84（元）

其中，402104.72元为职工基本养老保险个人账户储存额，139个月为职工60岁办理退休，国家规定的养老金计发月数。

（2）基础养老金=（10534+10534×2.1218）÷2×38.33×1%=6302.42（元）

其中，10534元为北京市发布的计发基数；2.1218为职工实际缴费工资指数；38.33年为职工全部缴费年限（含视同缴费年限）。

（3）过渡性养老金=$10534 \times 9.42 \times 1\% + 10534 \times 2.1218 \times 5.5 \times 1\% = 2221.61$（元）

其中，9.42年为职工视同缴费年限，即1983年8月—1992年12月的累计年限；5.5年为职工1992年10月1日—1998年6月30日期间的实际缴费年限。

（4）月度养老金=个人账户养老金+基础养老金+过渡性养老金=$2892.84 + 6302.42 + 2221.61 = 11416.87$（元）

26 哪些线上平台可以估算职工基本养老金？

估算职工基本养老金的线上平台主要分为电脑端和手机端。

电脑端：

国家社会保险公共服务平台：http://si.12333.gov.cn

全国人力资源和社会保障政务服务平台：http://www.12333.gov.cn

手机端：

国务院客户端微信小程序、"国家政务服务平台"App、"掌上12333"App，以及支付宝、微信、手机银行等。

☆ 案例

以电子社保卡为例，进入电子社保卡页面，点击"企业职工养老保险待遇测算"栏目，填写相关参数就可估算基本养老金。

第一步"选择参保类型"：选择是城镇企业职工参保，

还是个体工商户或灵活就业人员参保；前后转换过身份的人，以当前参保类型来填写。

第二步"填缴费情况"：根据实际缴费情况，填写缴费年限（实际缴费年限和视同缴费年限）、以前年度平均缴费工资指数、上年末个人账户储存额、参保地上年在岗职工月平均工资、本年月缴费工资等信息，估算一下未来缴费工资增长率等信息。

缴费年限、上年年末个人账户储存额可通过电子社保卡中的"专题服务—个人社保参保证明查询打印—社会保险个人参保证明"查询，如果有尚未办理社保关系转移的多地参保情况，要把多地的信息合并计算再填写。

本年月缴费工资，可以通过个人社保权益记录或缴费记录查询。

参保地上年在岗职工月平均工资，一般由当地统计部门发布，可以从网上查询。

以前年度平均缴费工资指数，可以按照自己的工资水平除以当地社平工资之间的倍数来估算，系统提供了几档选项，如果每年都大致相当就选"1"；如果自己的工资高，则选择高于"1"的选项，否则选低于"1"的选项。

第三步"估算基本养老金"：各项信息填好后，点击"查看测算结果"，即可估算出退休后每月领取的基本养老金。

27 退休人员基本养老金是如何调整的?

国家建立基本养老金正常调整机制，企业和机关事业单位统一采用"定额调整、挂钩调整与适当倾斜相结合"的调整办法。定额调整体现社会公平，同一地区各类退休人员调整标准基本一致；挂钩调整体现"多缴多得""长缴多得"的激励机制，使在职时多缴费、长缴费的人员多得基本养老金；适当倾斜体现对高龄退休人员和艰苦边远地区退休人员等群体的关怀照顾。

以北京市为例，2023年基本养老金调整办法见表2-2。

表2-2　北京市2023年基本养老金调整要素

调整类型	具体调整方式
定额调整	每名退休人员，每人每月增加36元
挂钩调整	与缴费年限挂钩： （1）满十年，缴费年限每满1年，每月增加3元；不足整年的余月数，每月增加0.25元； （2）不满十年（不含建设征地农转工退休人员），每人每月增加30元； （3）不满十五年的建设征地农转工退休人员，每人每月增加45元
	与基本养老金水平挂钩： 以2022年北京市居民人均可支配收入水平（6451元）为基准线划分2档： （1）6451元以上每人每月增加35元； （2）6451元（含）以下每人每月增加50元。 同时，为兼顾公平，对调整前月基本养老金水平在6451元以上的退休人群，如果与基本养老金水平挂钩调整后仍低于6501元，将补足到6501元
适当倾斜	适当向高龄退休人员倾斜： 在2022年12月31日（含）之前已年满65周岁的高龄退休人员，在上述定额、挂钩调整后，再享受30～70元四个档次的倾斜政策。即：65～69周岁的退休人员每人每月再增加30元；70～74周岁每人每月再增加50元；75～79周岁每人每月再增加60元；80周岁以上每人每月再增加70元。 在此基础上，继续对65周岁以上退休人员中缴费年限满30年的，每人每月再增加5元，以体现对退休时间早、连续工龄和缴费年限长的退休人员的倾斜

数据来源：北京市人社局，《关于2023年调整本市退休人员基本养老金的通知》（京人社养老发〔2023〕19号）案例解析。

★ 案例

北京市职工张某，64岁，缴费年限为37年，2022年12月基本养老金为6455元。根据北京市人社局《关于2023年调整本市退休人员基本养老金的通知》，每名退休人员每月增加36元。2023年继续实行与缴费年限挂钩普遍增加基本养老金的办法。其中，缴费年限满十年及以上的退休人员，缴费年限每满一年，每月增加3元。在与基本养老金水平挂钩的调整中，按照对应标准应上调35元，与原基本养老金相加为6490元。但2022年12月基本养老金低于6451元的人员上涨50元后，部分人员会达到6501元（6451+50），高过张某的6490元，所以再对张某提高11元，达到6501元。在与基本养老金水平挂钩的调整中，张某实际每月增长46元。2023年调整，张某每月共增加193元，其调整后基本养老金为6648元/月。

职工张某基本养老金调整情况见表2-3。

表2-3 职工张某基本养老金调整情况

2022年12月基本养老金水平（元/月）	2023年调整						
	定额调整	与缴费年限挂钩	与基本养老金水平挂钩		调整总额	调整后
			分档	补足		
6455	36	3×37=111	35	11	193	6648

数据来源：北京市人社局，《关于2023年调整本市退休人员基本养老金的通知》（京人社养老发〔2023〕19号）案例解析。

28 职工退休后加入外国国籍，基本养老保险待遇如何处理？

根据《国务院侨办侨政司、劳动人事部保险福利司关于获准出国定居的退休人员加入外国国籍后仍可享受退休待遇的规定》[（85）侨政政字第119号]，已获准出国定居的退休人员加入外国国籍后，可以继续享受国家对获准出国定居的退休人员规定的退休待遇。相关资格认证事宜，按《外交部、财政部、人力资源和社会保障部关于在境外居住人员领取养老金资格审核表有关问题的通知》（领外函〔2015〕660号）规定执行，在境外居住的，可以通过外交部"中国领事"App完成认证。

29 什么是养老金替代率？

养老金替代率是指劳动者退休时的养老金水平与退休前工资收入水平之间的比率，是衡量退休后生活保障水平的重要指标，该比率体现了退休后养老金和退休前收入之间的差距。养老金替代率越高，意味着退休后的养老金水平越接近退休前的收入。

世界银行建议，要基本维持退休前的生活水平不下降，养老金替代率需不低于70%。国际劳工组织《社会保障最低标准公约》规定，养老金替代率最低为55%，也被称为"警戒线"，若低于55%，退休后生活质量将显著下降。

案例

职工王某在退休前每月的收入为10000元，退休后每月能领取到的基本养老金为4000元，企业年金为2000元，个人养老金为1000元，那么职工王某的养老金实际替代率为：

（4000+2000+1000）/10000×100%=70%。

30 职工基本养老保险基金如何保值增值？

按照《基本养老保险基金投资管理办法》（国发〔2015〕48号），各省（自治区、直辖市）养老基金结余额预留一定支付费用后，确定具体投资额度，委托给国务院授权的机构进行投资运营。全国社会保障基金理事会受托管理基本养老保险基金部分结余资金，目前已实现全国31个省（自治区、直辖市）和新疆生产建设兵团全覆盖。根据全国社会保障基金理事会公布数据显示，2022年年末受托管理基本养老保险基金权益总额1.62万亿元，累计投资收益额2670.82亿元，年均投资收益率5.44%，较好实现了基金安全和保值增值目标，为增强养老保险制度可持续性提供了有力支撑。

第三章　第二支柱：企业年金（职业年金）

31　什么是企业年金？

企业年金是企业及其职工在依法参加基本养老保险的基础上，自主建立的补充养老保险制度。企业年金所需费用由用人单位和职工个人共同缴纳，按照国家有关规定投资运营。职工退休或符合相应领取条件时领取待遇。

32　我国企业年金发展现状如何？

1991年，国务院发布《关于企业职工养老保险制度改革的决定》（国发〔1991〕33号），首次明确鼓励企业建立补充养老保险制度，至今我国企业年金已走过30多年的发展历程。人社部公布的数据显示，截至2022年年末，我国共有12.8万户企业建立企业年金，占所有登记在册企业数量（5282.6万户）的0.24%；参加职工人数为3010.29万人，占城镇就业人口数量（45931万人）的6.55%；积累基金2.87万亿元，占我国养老金总资产（14.58万亿元[1]）的19.68%。

---

[1] 截至2022年年末，基本养老保险基金规模为6.99万亿元，企业年金规模为2.87万亿元，职业年金规模为2.11万亿元，个人养老金规模为0.01万亿元，全国社保基金规模为2.6万亿元。

33 企业年金如何管理运作?

按照《企业年金基金管理办法》(人力资源社会保障部令第11号)有关规定,企业年金基金由企业委托取得企业年金基金管理资格的机构实行市场化投资运营,企业年金运作采取信托模式。企业年金涉及多重代理关系,包含委托人、受托人、账户管理人、托管人、投资管理人五大类角色。

其中,委托人是指委托受托人管理企业年金基金的企业及其职工;受托人是指受托管理企业年金基金的符合国家规定的养老金管理公司等法人受托机构或者企业年金理事会;账户管理人是指接受受托人委托管理企业年金基金账户的专业机构;托管人是指接受受托人委托保管企业年金基金财产的商业银行;投资管理人是指接受受托人委托投资管理企业年金基金财产的专业机构。企业年金管理运行框架见图3-1。

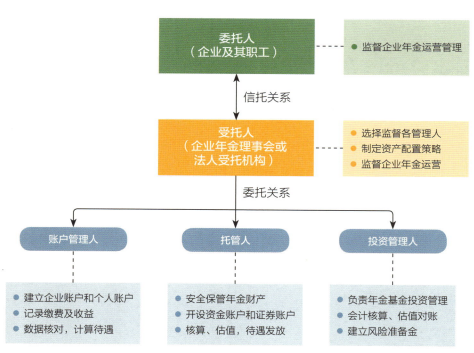

图3-1 企业年金管理运行框架

34 什么是职业年金？

职业年金是指机关事业单位及其工作人员在参加机关事业单位基本养老保险的基础上，建立的补充养老保险制度。职业年金与企业年金管理模式相似。当参保人在机关事业单位和企业间发生工作变动时，职业年金和企业年金账户可相互转移。

35 职业年金和企业年金有什么区别？

职业年金和企业年金虽然管理模式总体相似，但在参与主体、参保条件、缴费比例、单位缴费归属比例、待遇领取方式等方面存在一定差异（见表3-1）。

表3-1　职业年金和企业年金的差异

类别	参与主体	参保条件	缴费比例	单位缴费归属比例	领取方式
职业年金	机关事业单位及其工作人员	具有强制性（机关事业单位在参加基本养老保险的基础上，应当为其工作人员建立职业年金）	职业年金总的缴费比例是12%，其中单位缴费8%，个人缴费4%	单位缴费和个人缴费全部划入个人账户	达到领取条件时，按月领取职业年金，也可一次性用于购买商业养老保险产品，依据保险契约领取待遇
企业年金	参加企业职工基本养老保险的各类用人单位及其职工	企业和职工自主建立（依法参加基本养老保险并履行缴费义务，同时具有相应的经济负担能力，并已建立集体协商机制）	年度企业缴费总额不超过本单位职工工资总额的8%，单位和职工个人缴费合计不超过本单位职工工资总额的12%	个人缴费全部计入个人账户，单位缴费根据职工在单位工作年限的长短和单位企业年金方案的规定执行	达到领取条件时，可按月、分次或者一次性领取企业年金，也可购买商业养老保险产品，依据保险合同领取待遇

36 什么情况下应中止/恢复企业年金缴费?

实行企业年金后,企业如遇到经营亏损、重组并购等当期不能继续缴费的情况,经与职工一方协商,可以中止缴费。不能继续缴费的情况消失后,企业和职工恢复缴费,并可以根据本企业实际情况,按照中止缴费时的企业年金方案予以补缴。补缴的年限和金额不得超过实际中止缴费的年限和金额。

37 企业建立企业年金计划需具备什么条件?

一是依法参加基本养老保险并履行缴费义务;二是企业应具有相应的经济负担能力;三是企业与职工一方通过集体协商确定建立企业年金。

38 职工参加企业年金需符合什么条件?

一是与用人单位订立劳动合同并试用期满;二是依法参加企业职工基本养老保险并履行缴费义务;三是企业年金方案中协商确定的其他参加条件。

39 什么是企业年金方案?

企业年金方案是用人单位经集体协商,在国家相关制度规定的基础上明确的管理细则。方案中明确了企业年金参加范围、资金筹集方式、资金分配办法、账户管理方式、权益归属规则、基金管理方式、待遇计发和支付方式、待遇领取条件等具体事宜。

40 什么是企业年金个人账户?

企业年金个人账户是为每个参加企业年金计划的职工建立的，用来记录其缴费、收益等信息的账户。企业年金个人账户实行完全积累制，职工个人缴费及其投资收益全部归属职工个人。单位缴费及其投资收益归属规则在企业年金方案中约定，可以随职工在本单位工作年限的增加逐步归属于职工个人，完全归属于职工个人的期限最长不超过8年。

41 企业年金单位和个人缴费标准如何确定?

企业年金由单位和个人共同缴纳，具体缴费分配规则和标准在企业年金方案中明确，可根据职工贡献适当倾斜。根据国家有关规定，年度企业缴费总额不超过本单位职工工资总额的8%，单位和职工个人缴费合计不超过本单位职工工资总额的12%，职工个人缴费不低于企业为其缴费的四分之一，个人缴费由单位从职工个人工资中代扣代缴。企业应当合理确定本单位当期缴费计入职工企业年金个人账户的最高额与平均额的差距，企业当期缴费计入职工企业年金个人账户的最高额不得超过平均额的5倍。

42 如何查询企业年金个人账户?

职工可以通过企业年金计划的账户管理机构提供的渠道，查询本人的企业年金缴费、资产等个人账户信息。查询渠道一般为网站查询、电话查询、多媒体自助终端查询等方式，还有部分账户管理机构开发了App查询渠道。

43 职工工作调动时，企业年金个人账户如何处理？

职工在不同企业年金计划间调动时，其企业年金个人账户应随之转移。一般由调入单位向调出单位发函联系并提供相关信息，调出单位将个人账户资金转出后应及时向调入单位反馈转移报告，调入单位根据转移报告将资金及时转入职工个人账户。

44 职工离职时，企业年金个人账户如何处理？

职工与本单位终止、解除劳动合同的，其企业年金个人账户应随之转移。新就业单位已建立企业年金或者职业年金的，其个人账户权益应转入新就业单位的企业年金计划或者职业年金计划管理；未就业、新就业单位没有建立企业年金或职业年金的，其个人账户可转为保留账户。保留账户的账户管理费从个人账户中扣除。

45 什么情况下可领取企业年金？

企业年金作为补充养老保险，用于保障职工退休后收入，不能提前支取。根据国家有关规定，符合下列条件之一的，可以领取企业年金，见图3-2。

达到国家规定的退休年龄	经劳动能力鉴定委员会鉴定，因病（残）完全丧失劳动能力	出国（境）定居	退休前身故

图3-2　可领取企业年金的情形

46 个人出国（境）定居时如何领取企业年金？

个人出国（境）定居时，一般由职工向单位企业年金主管部门提交领取企业年金的申请并提交相关证明资料，一次性领取其企业年金个人账户余额。对个人因出国（境）定居而一次性领取的个人账户资金，按照国家有关规定计税。

47 职工身故时如何领取企业年金？

职工身故的，由其指定的受益人或法定继承人一次性领取年金个人账户余额，允许领取人将一次性领取的年金个人账户资金余额按12个月分摊到各月，就其每月分摊额，按规定计算缴纳个人所得税。

48 职工退休领取企业年金时如何纳税？

根据国家有关规定，2013年年底以前，企业年金缴费时应缴纳个人所得税。2014年及以后，企业年金缴费实行个税递延政策，即单位缴费全额以及个人缴费符合规定部分（税收优惠上限内的部分，当前为社会平均工资3倍的4%）在缴费计入个人账户时暂不纳税，待领取时再行缴纳个人所得税。职工达到法定退休年龄时，企业年金可分期或一次性领取，每期领取额按照"工资、薪金所得"项目适用的税率，计征个人所得税。

49 企业年金基金如何投资运营？

当前，企业年金基金限于境内投资和香港市场投资，主要投资三类资产：流动性资产、固定收益类资产、权益类资产。流动性资产主要满足年金待遇支付需求；固定收益类资产投资风险相对可控，是年金投资较为稳定的收益来源；权益类资产收益和风险并存。

 小贴士

根据《人力资源社会保障部关于调整年金基金投资范围的通知》（人社部发〔2020〕95号），企业年金基金投资品种及比例如下：

（1）流动类：活期存款、货币基金、货币型养老金产品等，占比不低于资产净值的5%。

（2）固定收益类：一年期以上定期存款、债券、信托产品、债权投资计划、债券基金、固定收益型养老金产品、混合型养老金产品等。

（3）权益类：股票、股票基金、混合基金、股票型养老金产品等，占比不超过资产净值的40%。

注：企业年金投资品种及比例随相关政策调整可能会发生变化。

50 企业年金的投资收益率如何？

企业年金的收益情况与投资市场环境紧密相关。根据人社部公开发布的企业年金业务数据摘要等信息，2010年以来，大部分年份的全国企业年金年度投资收益率为正收益，也存在部分年份为负收益，见图3-3。

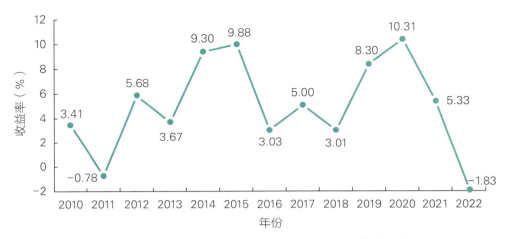

图3-3　2010年以来全国企业年金基金投资收益率

数据来源：《全国企业年金基金业务数据摘要（2022年度）》。

第四章 第三支柱：个人养老金

51 什么是个人养老金？

　　个人养老金是政府政策支持、个人自愿参加、市场化运营、实现养老保险补充功能的制度，是我国养老保险第三支柱的重要组成部分，与基本养老保险（第一支柱）和企业年金及职业年金（第二支柱）相衔接，实现养老保险补充功能。

52 为什么实施个人养老金制度？

　　2022年6月7日，人社部、财政部、国家税务总局、原银保监会和证监会印发《关于推动个人养老金发展的意见》宣传提纲。宣传提纲中明确指出，个人养老金制度的实施适应了我国社会主要矛盾的变化，是满足人民群众多层次、多样化养老保险需求的必然要求，有利于在基本养老金和企业年金、职业年金基础上再增加一份退休收入，进一步提高退休后的生活水平，让老年生活更有保障、更有质量。个人养老金制度的实施也是社会保障事业高质量发展、可持续发展的重要举措，有利于积极应对人口老龄化，构建功能更加完备的多层次、多支柱的养老保险体系。

53 参加个人养老金有何好处？

可以享受递延纳税优惠政策。在缴费环节，按照12000元/年的限额标准，在综合所得或经营所得中据实扣除。在投资环节，投资收益暂不征收个人所得税。在领取环节，单独按照3%的税率计算缴纳个人所得税。

可以享受费率优惠。例如，个人养老金基金产品需单独设置份额，该份额不得收取销售服务费，而且可以豁免申购限制和申购费等销售费用，对管理费和托管费也可以实施一定的费率优惠；个人养老金理财产品的销售费、管理费和托管费可实施一定的费率优惠。

可以满足丰富多样化的养老需求。第一支柱基本养老保险是保基本生活的，第二支柱企业年金和职业年金是单位建立的，起补充养老作用。现在增加了第三支柱的个人养老金，将为所有参加基本养老保险的人员增加一条补充养老的渠道，丰富了参加人未来养老资金的来源。

可以理性规划个人养老资金。个人养老金的资金账户实行封闭运行，在缴费阶段只进不出，从而切实起到补充养老的作用。个人缴费和投资收益都在账户里滚存，达到领取条件才可以领取，帮助参加人把牢个人养老金的"出口"，有助于个人理性规划养老资金，避免提前支取和频繁追涨杀跌等非理性操作，获取长期投资产生的可观收益。

54 谁可以参加个人养老金？

在中国境内参加城镇职工基本养老保险（含机关事业单位基本养老保险）或城乡居民基本养老保险的人员，都可以参加个人养老金制度。不论就业形态、就业地域、户籍，只要个人自愿都可以参加个人养老金制度。跨省跨地域流动时，个人权益不受影响。

需要注意的是，个人养老金并非是强制缴纳的，而是个人自愿参加的。

退休人员已领取基本养老保险待遇，不再参加个人养老金制度。

55 个人养老金的先行城市（地区）有哪些?

2022年11月，人力资源社会保障部办公厅、财政部办公厅、国家税务总局办公厅联合发布《关于公布个人养老金先行城市（地区）的通知》（人社厅函〔2022〕169号），公布了北京等36个城市（地区）作为先行城市开始实施个人养老金制度（见表4-1）。

表4-1 实施个人养老金制度的先行城市（地区）

序号	省（自治区、直辖市）	先行城市（地区）
1	北京市	北京市
2	天津市	天津市
3	河北省	石家庄市
4		雄安新区
5	山西省	晋城市
6	内蒙古自治区	呼和浩特市
7	辽宁省	沈阳市
8		大连市
9	吉林省	长春市
10	黑龙江省	哈尔滨市
11	上海市	上海市
12	江苏省	苏州市
13	浙江省	杭州市
14		宁波市
15	安徽省	合肥市
16	福建省	福建省
17	江西省	南昌市
18	山东省	青岛市
19		东营市

序号	省（自治区、直辖市）	先行城市（地区）
20	河南省	郑州市
21	湖北省	武汉市
22	湖南省	长沙市
23	广东省	广州市
24		深圳市
25	广西壮族自治区	南宁市
26	海南省	海口市
27	重庆市	重庆市
28	四川省	成都市
29	贵州省	贵阳市
30	云南省	玉溪市
31	西藏自治区	拉萨市
32	陕西省	西安市
33	甘肃省	庆阳市
34	青海省	西宁市
35	宁夏回族自治区	银川市
36	新疆维吾尔自治区	乌鲁木齐市

56 如何参加个人养老金？

　　参加人通过个人养老金信息管理服务平台，建立个人养老金账户，之后在符合规定的商业银行开立个人养老金资金账户，并向资金账户里缴费。个人养老金实行个人账户制度，缴费完全由参加人个人承担，实行完全积累。缴费后，通过税收优惠申报即可享受个人所得税的税收优惠政策，同时可将账户资金用于投资。符合领取条件后，即可领取个人账户里的全部本金和收益。具体流程见图4-1。

图4-1　个人养老金参加流程

57　个人养老金如何开户?

参加个人养老金需要开设两个账户:一个是个人养老金账户,用于信息记录、查询和服务等,是参加个人养老金制度的依据和享受税收优惠政策的基础;另一个是在商业银行开立的个人养老金资金账户,用于缴费、购买产品、归集收益等。

参加人可以在国家社会保险公共服务平台、全国人社政务服务平台、电子社保卡、"掌上12333"App、商业银行等多个渠道开户。其中,通过商业银行渠道,可以一次性把这两个账户都开了。中国银保监会发布了《关于印发商业银行和理财公司个人养老金业务管理暂行办法的通知》(银保监规〔2022〕16号文),公布了首批开办个人养老金业务的23家银行名单,包括工商银行、农业银行、中国银行、建设银行、交通银行、邮储银行、中信银行、光大银行、华夏银行、民生银行、招商银行、兴业银行、平安银行、广发银行、浦发银行、浙商银行、渤海银行、恒丰银行、北京银行、上海银行、江苏银行、宁波银行、南京银行。

需要注意的是,个人养老金的信息账户和资金账户都是唯一的且相互对应,参加人在同一时段只可以拥有一个资金账户。

58　如何查询个人养老金资金账户的详细信息?

目前,参加人办理个人养老金缴费并开展投资后,可通过个人养老金资金账户所属商业银行的柜面、手机银行等渠道,查询个人养老金资金账户的详细信息。

后续，国家社会保险公共服务平台、电子社保卡、"掌上12333"App等全国统一人社线上服务入口，其他基金、保险直销平台，也将适时开通个人养老金账户相关信息查询服务。

59 如何变更个人养老金资金账户的开户银行？

参加人变更个人养老金资金账户开户行时，应向原商业银行提出，经信息平台确认后，在新商业银行开立新的个人养老金资金账户。参加人在个人养老金资金账户变更后，信息平台向原商业银行提供新的个人养老金资金账户及开户行信息，向新商业银行提供参加人当年剩余缴费额度信息。参与金融机构按照参加人的要求和相关业务规则，为参加人办理原账户内资金划转及所持有个人养老金产品转移等手续。

具体操作以各银行的实际要求为准。

60 个人养老金如何缴费？

参加人可以自主决定是全程参加还是部分年度参加，可以自主决定每年缴费金额（不超过缴费上限），可以自主决定本年度内一次性、分次还是按月缴费。

目前，个人养老金缴费上限为每年12000元。此缴费额度按自然年度累计，次年重新计算。国家将会根据经济社会发展水平和多层次、多支柱养老保险体系发展情况等因素，适时调整缴费额上限。

61 个人养老金误缴费了怎么办?

个人养老金参加人由于操作失误等原因缴费的,可以在该笔缴费计入个人养老金资金账户之日起(不含)5日内通过开户银行线下网点提出撤回申请。参加人一个自然年度内可以申请撤回一次个人养老金单笔缴费。

开户银行应按要求及时完善信息系统,经个人养老金信息管理服务平台核验后,为参加人办理撤回缴费业务。

撤回单笔缴费不属于领取个人养老金,不按照领取个人养老金代扣代缴个人所得税。

62 个人养老金如何投资?

参加人可根据自己的风险偏好,自主选择使用个人养老金资金账户资金购买符合规定的储蓄存款、银行理财、商业养老保险、公募基金等运作安全、成熟稳定、标的规范、侧重长期保值的金融产品。

参加人可通过个人养老金资金账户的开户银行网点柜面、手机银行等渠道,或其他符合规定的个人养老金产品销售机构相关平台,如基金公司的App、保险公司的App、互联网基金销售平台等,购买个人养老金投资产品。

63 个人养老金产品的特点是什么?

个人养老金产品特点见表4-2。

表4-2　个人养老金产品特点

产品类型	灵活程度	收益特征
储蓄存款	活期存款随时支取；定期存款期限有1天、7天、3个月、半年，以及1、2、3、5、10、15、20年等	保本，在存款利率和期限确定的情况下，收益是确定的
银行理财	在封闭期内不可赎回，超过"最短持有期"后可以申请赎回	不保本，产品设计多为中低风险的固收类产品
商业养老保险	期限不少于5年，一般在10、15、20年或者终身领取。提前支取只能获得合同中载明的现金价值，若前期退保扣费较多	普通型保险收益确定，在合同中载明；新型产品有保证利率，保证收益以上的部分存在不确定性。终身领取的年金可能获得更高的收益
公募基金	在封闭期内不可赎回，超过"最短持有期"后可以申请赎回	承担风险，获取收益

64 如何查询个人养老金可购买的金融产品名录？

　　个人养老金产品及其发行、销售机构由相关金融监管部门确定，并通过信息平台和金融行业平台向社会发布。个人养老金产品目录可以在国家社会保险公共服务平台进行在线查询。进入国家社会保险公共服务平台，点击顶部"个人养老金—个人养老金产品目录查询"，即可进入查询页面，在"查询条件"板块输入产品名称、产品发行机构，选择产品类型，点击"查询"，即可在"产品目录信息查询结果"板块查看查询结果。

65 个人养老金的税收优惠政策是什么?

根据《关于个人养老金有关个人所得税政策的公告》(财政部 税务总局公告2022年第34号),自2022年1月1日起,对个人养老金实施递延纳税优惠政策。

在缴费环节,个人向个人养老金资金账户的缴费,按照12000元/年的限额标准,在综合所得或经营所得中据实扣除。

在投资环节,计入个人养老金资金账户的投资收益暂不征收个人所得税。

在领取环节,领取的个人养老金不并入综合所得,单独按照3%的税率计算缴纳个人所得税,其缴纳的税款计入"工资、薪金所得"项目。

66 个人养老金在缴费环节可以享受多少个税优惠?

享受的个税优惠按照参加人缴存的个人养老金的金额和参加人全年应纳税所得额所对应的税率计算。如果当年缴费12000元,最高可享受的个税优惠为5400元(12000元×45%),见表4-3。

表4-3　缴存个人养老金享受的个税优惠示例表

缴存个人养老金前全年应纳税所得额(元)	年缴存金额(元)	缴存个人养老金后全年应纳税所得额(元)	缴存后适用税率(%)	个税优惠额(元)
0～48000	0～12000	0～36000	3	0～1200
48000～156000	0～12000	36000～144000	10	1200～2400
156000～312000	0～12000	144000～300000	20	2400～3000
312000～432000	0～12000	300000～420000	25	3000～3600

缴存个人养老金前全年应纳税所得额（元）	年缴存金额（元）	缴存个人养老金后全年应纳税所得额（元）	缴存后适用税率（%）	个税优惠额（元）
432000~672000	0~12000	420000~660000	30	3600~4200
672000~972000	0~12000	660000~960000	35	4200~5400
972000以上	0~12000	960000以上	45	5400

📖⭐ 案例

　　孙某在2022年12月得知个人养老金制度，并根据自己的收入测算参加个人养老金能享受的税收优惠。孙某预计自己2022年的个人所得税应纳税所得额为10万元，如果不参加个人养老金制度，当年的个人所得税是7480元。如果参加个人养老金制度，并缴费12000元，当年的个人所得税是6280元，节省1200元。孙某个人所得税计算见表4-4。

表4-4　孙某个人所得税计算

单位：元

项目	参加个人养老金	不参加个人养老金
应纳税所得额	100000	100000
缴存个人养老金	12000	0
缴存后应纳税所得额	88000	100000
应纳税所得额对应税率和速算扣除数	10%，2520	10%，2520
个人所得税	88000×10%－2520=6280	100000×10%－2520=7480
参加个人养老金节税	7480－6280=1200	

拓展阅读

全年综合所得个人所得税的计算方法

第一步，计算全年应纳税所得额。

全年应纳税所得额=综合所得金额−减除费用−专项扣除−专项附加扣除−其他扣除−个人养老金−准予扣除的捐赠额

其中：

减除费用：5000元与月数的乘积。

专项扣除：基本养老保险、基本医疗保险、失业保险和住房公积金。

专项附加扣除：子女教育、继续教育、大病医疗、住房贷款利息、住房租金、赡养老人、3岁以下婴幼儿照护等。

其他扣除：企业年金、符合国家规定的商业健康保险等。

第二步，根据全年应纳税所得额查个人所得税税率表（见表4-5），得出所在级数对应的税率和速算扣除数。

表4-5　个人所得税税率表（综合所得适用）

级数	全年应纳税所得额	税率（%）	速算扣除数
1	不超过36000元的	3	0
2	超过36000元至144000元的	10	2520
3	超过144000元至300000元的	20	16920
4	超过300000元至420000元的	25	31920
5	超过420000元至660000元的	30	52920
6	超过660000元至960000元的	35	85920
7	超过960000元的部分	45	181920

第三步，计算个税。

个税=全年应纳税所得额×对应的税率−速算扣除数

67 个人养老金的税收优惠申报如何操作？

个人缴费享受税前扣除优惠时，以个人养老金信息管理服务平台出具的扣除凭证为扣税凭据。取得工资薪金所得、按累计预扣法预扣预缴个人所得税劳务报酬所得的，其缴费可以选择在当年预扣预缴或次年汇算清缴时在限额标准内据实扣除。选择在当年预扣预缴的，应及时将相关凭证提供给扣缴单位。扣缴单位应为纳税人办理税前扣除有关事项。

税收优惠申报的具体操作步骤如下：

第一步：获取缴费凭证。个人养老金参加人可在开户银行的App获取缴费凭证，也可以登录国家社会保险公共服务平台，进入"首页—个人养老金—缴费凭证查询打印"界面下载个人养老金月度缴费凭证。

一般情况下，月度缴费凭证次月8日起可以查询下载，年度缴费凭证次年2月1日起可查询下载。

第二步：扫码录入扣除信息。使用"个人所得税"App右上角的"扫一扫"功能，或者进入"办税—扣除填报—个人养老金扣除信息管理—扫码录入"功能，扫描个人养老金缴费凭证右上角的二维码。

个人授权"个人所得税"App获取其个人养老金缴费数据后，即可根据扫码结果生成当月个人养老金扣除信息，核对无误后，点击"下一步"即可。

第三步：申报个人养老金扣除信息。在"个人所得税"App的"选择申报方式"界面，如果勾选"年度自行申报"，则提交的个人养老金扣除信息可以在个人所得税年度汇算清缴申报中进行税前扣除；如果勾选"通过扣缴义务人申报"，点击提交即完成申报流程。

68 个人养老金何时能领取？

个人养老金资金账户封闭运行，参加人达到以下任一条件的可以领取：

（1）达到领取基本养老金年龄。

（2）完全丧失劳动能力。

（3）出国（境）定居。

（4）国家规定的其他情形。

69 个人养老金如何领取？

符合领取条件的参加人，经信息平台核验领取条件后，可以按月、分次或者一次性领取个人养老金，领取方式一经确定不得更改。领取时，应将个人养老金由个人养老金资金账户转入本人社会保障卡银行账户。参加人死亡后，其个人养老金资金账户中的资产可以继承。

70 个人养老金与其他金融产品有何区别？

个人养老金与银行存款、理财产品等其他金融产品的区别主要体现在以下几方面：第一，个人养老金是一项补充养老保险制度安排，可享受税收优惠政策；第二，个人养老金采取账户制，封闭管理，一般不允许提前支取，能够切实实现补充养老功能；第三，对接个人养老金的投资产品种类多样，且符合运作安全、成熟稳定、标的规范、侧重长期保值等规定，可以满足不同群体的需求。

投资工具篇

　　本篇系统介绍了养老储蓄、银行理财、公募基金、商业保险、商业养老金和养老信托等常见的养老投资工具的产品类型、特点、发行机构和投资渠道等，有助于了解常见养老投资工具的主要特点与适用群体，引导读者结合自身养老需求制定养老投资计划，并为读者选择养老投资工具提供参考。

第五章　养老储蓄

71　什么是特定养老储蓄？

根据《中国银保监会办公厅　中国人民银行办公厅关于开展特定养老储蓄试点工作的通知》（银保监办发〔2022〕75号），特定养老储蓄产品是指由银行与储户双方事先约定存款期限、计息规则、结息方式以及支取条件，并按合同约定条件支取本息的一种人民币定期存款产品，是银行存款类金融产品，属于一般性存款。

特定养老储蓄存款的期限主要为5年及以上，利率最高约4%，目前只有合肥、广州、成都、西安和青岛5个试点城市可买，且在同一家银行每人购买额度最高不超过50万元。

72　哪些人可以购买特定养老储蓄？

根据《中国银保监会办公厅　中国人民银行办公厅关于开展特定养老储蓄试点工作的通知》（银保监办发〔2022〕75号）要求，为进一步满足人民群众多样化养老需求，自2022年11月起，在银保监会和人民银行的统一部署下，工商银行、农业银行、中国银行、建设银行在5个试点城市开展特定养老储蓄试点。

个人客户购买特定养老储蓄产品，需满足客户资质要求，即居民身份证发证机关所在地为产品销售机构所在城市的中国公民，且选择的期限品种需满足持有到期年龄满55周岁的特定要求。

35周岁及以上人群可购买的产品种类见表5-1。

表5-1 35周岁及以上人群可购买的产品种类

年龄段	整存整取与零存整取				整存零取			
	五年期	十年期	十五年期	二十年期	五年期	十年期	十五年期	二十年期
35周岁及以上				√				
40周岁及以上			√	√				
45周岁及以上	√		√	√				
50周岁及以上	√	√	√	√				
55周岁及以上	√	√	√	√	√	√	√	√

73 特定养老储蓄的计息规则是什么？

特定养老储蓄产品每5年为一个计息周期，同一个计息周期内利率水平保持不变。在新的计息周期开始时，银行可结合市场利率变化等因素对产品利率进行调整，利率调整仅对后续的计息周期生效，对此前已计利息不产生影响。

特定养老储蓄产品提前支取的，支取部分按照提前支取计息规则计付利息，未支取部分按原产品利率计息。

特定养老储蓄产品逾期支取的，逾期部分按照支取日挂牌公告的活期存款利率计付利息。

无论是整存整取还是整存零取，每存满5年后提前支取，可减少按活期利率计息的损失。实际存期＜5年，按支取日活期挂牌利率计息；5年≤实际存期＜10年，前5年按存入日5年期同类型普通存款的挂牌利率计息，其余按支取日的活期存款挂牌利率计息，以此类推。

 **小贴士**

以广州市20年整存整取的特定储蓄存款为例，年化单利收益率为4%。这个收益率不是在20年内一直保持4%，而是以5年为一个计息周期，每满5年，银行要重新确定利率。

74 特定养老储蓄与普通储蓄存款的区别有哪些？

期限不同。目前普通储蓄存款的期限主要有活期、3个月、6个月，以及1、2、3、5年。而特定养老储蓄存款的期限为5、10、15年和20年，比普通储蓄存款更注重长期储蓄。

利率不同。特定养老储蓄存款利率略高于大型银行定期存款利率。目前，国有银行、股份制商业银行的普通定期存款利率最高不足3%，而特定养老储蓄存款目前最高利率约为4%。即便未来利率出现波动，从整体来看特定养老储蓄存款的利率也会比普通储蓄存款更高。

储蓄机构不同。普通储蓄存款在全国任何一家正规的银行都可以办理，截至2023年11月30日，特定养老储蓄存款只由工商银行、农业银行、中国银行和建设银行四大国有银行在5个城市开展试点，只有持有这些城市签发的身份证在试点城市才可以购买，其他城市以及其他银行无法购买。

购买门槛不同。普通储蓄存款门槛很低，大多数银行没有什么限制，而特定养老储蓄存款对于购买人群则有严格的限制，从各大银行试点的情况来看，最少要满35周岁才可以购买。而且不同年龄的人能够购买的期限是不一样的，比如35周岁人群仅能买20年期限的，50周岁及以上人群可以购买所有期限的。

75 个人养老金的账户资金可以购买哪些储蓄存款?

通过个人养老金账户,可以购买开户银行的储蓄存款。在合肥、广州、成都、西安和青岛5个试点城市,可以通过个人养老金账户购买开户银行的特定养老储蓄产品。

个人客户办理特定养老储蓄开户,须通过开办该项业务的银行营业机构柜面渠道;办理产品查询、支取及零存整取续存,须通过银行营业机构网点柜面和电子等渠道。

76 个人养老金储蓄存款的利率是多少?

以某银行北京分行的个人养老金储蓄存款的整存整取方式为例,不同期限的利率见表5-2。

表5-2　2023年11月某银行北京分行个人养老金储蓄存款的利率

期限	年利率(%)	起存金额(元)
三个月	1.5	50
半年	1.7	50
一年	1.8	50
两年	2.1	50
三年	2.6	50
五年	2.65	50

第六章　银行理财

77　什么是银行理财产品？

　　一般来说，银行理财产品是指商业银行和银行理财子公司发行的理财产品，是商业银行或银行理财子公司接受投资者委托，按照与投资者事先约定的投资策略、风险承担和收益分配方式，对受托的投资者财产进行投资和管理的金融服务。银行理财产品由产品发行人按照约定条件和实际投资收益情况向投资者支付收益，不保证本金支付和收益水平。

 小贴士

　　在《关于规范金融机构资产管理业务的指导意见》（银发〔2018〕106号）（简称《资管新规》）和《商业银行理财子公司管理办法》（中国银行保险监督管理委员会令〔2018〕第7号）出台后，商业银行陆续设立理财子公司，银行理财正式进入理财子公司发展阶段。在《资管新规》过渡期内，存在两类产品，一类是商业银行自主发行的理财产品；另一类是由银行理财子公司发行的理财产品，在银行销售时属于"代销"产品。

78 银行理财产品有哪些类型？

银行理财产品可以从不同维度进行分类，具体见图6-1。

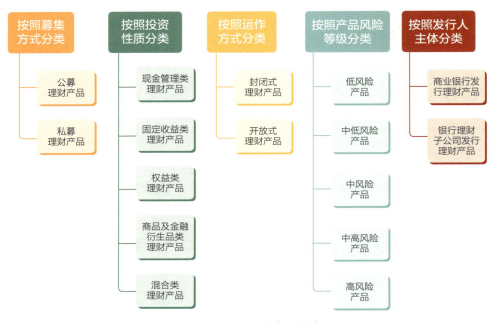

图6-1 银行理财产品分类

> **小贴士**
>
> 　　根据《商业银行理财业务监督管理办法》（中国银行保险监督管理委员会令2018年第6号）（简称《理财新规》）的规定，商业银行应当采用科学合理的方法，根据理财产品的投资组合、同类产品过往业绩和风险水平等因素，对拟销售的理财产品进行风险评级。
>
> 　　理财产品风险评级结果应当以风险等级体现，由低到高至少包括一至五级，并可以根据实际情况进一步细分。因此，商业银行及银行理财子公司会制定内部风险评级体系，并对每个拟销售的银行理财产品进行评级，同时也会对投资者的风险偏好进行评估。

银行理财产品是否可以保本?

根据《资管新规》规定，金融机构开展资管业务时不得承诺保本保收益。因此，现有的银行理财产品不承诺保本兑付，同时需要承受净值波动的风险。

> **小贴士**
>
> 《资管新规》对资管业务提出了新的要求，最为核心和关键的一项就是理财产品的净值化转型。所谓净值化，就是指理财产品的收益不再由银行预先承诺或暗示，而是根据产品投资的实际收益情况进行动态调整，以净值的形式进行公开披露。这意味着，理财产品的收益会随着市场波动而波动，甚至可能出现本金亏损。

80 银行理财产品的业绩比较基准是什么?

业绩比较基准是理财产品管理人根据产品往期的业绩表现，或同类型产品的历史业绩，计算出来的一个投资者可能获得的预估收益，不等于理财产品实际收益。

 封闭式理财产品和开放式理财产品有什么区别?

封闭式理财产品和开放式理财产品的运作方式不同。封闭式理财产品有确定到期日，且自产品成立日至终止日期间，投资者不得进行认购或者赎回。开放式理财产品自产品成立日至终止日期间，理财产品份额总额不固定，投资者可以按照协议约定，在开放日和相应场所进行认购或者赎回。

82 最短持有期和封闭期的主要区别是什么？

最短持有期和封闭期的主要区别是申购赎回方式不同。

"最短持有期"是指最低持有期限，投资者购买此类产品后，要至少持有规定的期限，满足最低持有期后方可在产品开放期交易时间内发起赎回申请。"封闭期"是指产品封闭运作的时期，期间投资者不能进行申购、赎回等交易，需要等封闭期限结束之后才能进行相关操作。

83 银行理财产品的投资方向是什么？

现金管理类理财产品的投资方向是信用级别较高、流动性较好的各类金融资产，包括现金，期限在1年以内（含1年）的银行存款、债券回购、中央银行票据、同业存单，以及剩余期限在397天以内（含397天）的债券、在银行间市场和证券交易所市场发行的资产支持证券等。

固定收益类理财产品的主要投资方向是存款、债券等债权类资产，且投资比例不得低于80%。

权益类理财产品的主要投资方向是股票、未上市企业股权等权益类资产，且投资比例不得低于80%。

商品及金融衍生品类理财产品的主要投资方向是商品及衍生品等金融产品，且投资比例不得低于80%。

混合类理财产品通常投资于多种资产组合，可投资于债权类资产、权益类资产、商品及金融衍生品类资产且任一资产的投资比例未达到80%。

拓展阅读

标准化债权类资产和非标准化债权类资产

根据《资管新规》规定，标准化债权类资产是指依法发行的债券、资产支持证券等固定收益证券，主要包括国债、中央银行票据、地方政府债券、政府支持机构债券、金融债券、非金融企业债务融资工具、公司债券、企业债券、国际机构债券、同业存单、信贷资产支持证券、资产支持票据、证券交易所挂牌交易的资产支持证券，以及固定收益类公开募集证券投资基金等。其他债权类资产被认定为标准化债权类资产的，应当同时符合以下条件：等分化，可交易；信息披露充分；集中登记，独立托管；公允定价，流动性机制完善；在银行间市场、证券交易所市场等国务院同意设立的交易市场交易。非标准化债权类资产是指标准化债权类资产之外的所有债权类资产，但存款（包括大额存单）以及债券逆回购、同业拆借等形成的资产除外。

84 如何了解银行理财产品的基础信息？

投资者想要了解银行理财产品的基础信息，可以通过阅读该理财产品的产品说明书来掌握，也可以登录中国理财网（http://www.chinawealth.com.cn），通过选择机构类别、募集方式、缴费方式、产品属性、投资性质等，来筛选出心仪的产品。

理财产品也有自己的"身份证"，"全国银行业理财信息登记系统登记编码"就是理财产品的"身份证号码"，投资者可登录中国理财网，输入登记编码，核查产品信息。一般情况下，Z开头表示该产品由商业银行理财子公司发行，C开头表示该产品由商业银行发行。如果在中国理财网无法查询，则该"产品身份"存在可疑性，千万不能购买。

85 什么是养老理财产品?

　　养老理财产品是指经监管部门批准，由理财公司设计并发行的以养老为目的的理财产品。

　　自2021年9月15日养老理财产品试点开启以来，试点地区和机构已经从最初的"四地四机构"扩展为"十地十一机构"。根据中国理财网数据，截至2023年11月30日，已发行的养老理财产品数量为51只。

　　截至2023年11月30日，养老理财产品试点地区有10个，包括北京、沈阳、长春、上海、武汉、广州、重庆、成都、青岛、深圳。

　　养老理财产品试点机构有11个，包括工银理财有限责任公司、建信理财有限责任公司、交银理财有限责任公司、中银理财有限责任公司、农银理财有限责任公司、中邮理财有限责任公司、光大理财有限责任公司、招银理财有限责任公司、兴银理财有限责任公司、信银理财有限责任公司和贝莱德建信理财有限责任公司。

86 养老理财产品有哪些特点？

与普通理财产品相比，养老理财产品具有长期性、稳健性、普惠性等特点，见图6-2。

长期性	稳健性	普惠性
养老理财产品的期限基本在5年以上，匹配投资者的长期养老需求，通过跨周期投资模式使投资者获取长期可持续收益	养老理财产品的风险管理机制更加健全，投资策略和理念更为稳健，实施非母行第三方独立托管	单只产品购买的准入门槛低，采用1元起购，1元递增的方式；同时，限制单个投资者累计购买金额不得超过300万元。产品实行费率优惠，综合费率远低于普通银行理财产品

图6-2　养老理财产品的特点

87 养老理财产品的购买渠道有哪些？

目前处于试点范围内的投资者，可以通过销售养老理财的银行营业网点或通过网上银行、手机银行等渠道购买。

88 养老理财产品可以提前赎回吗？

正常情况下，养老理财产品不可以提前赎回。如遇到特殊情况，可根据所购买产品的产品说明书中的提前赎回规则进行操作。

　　某银行代销的一款养老理财产品说明书中关于提前赎回的条款提到，若投资者因罹患重大疾病、购房需提前赎回本产品，可向代销机构某银行的网点提供本人身份证明文件及复印件、个人申请书、有权相关方出具的关于重大疾病证明、购房证明等产品管理人要求提供的材料。投资者需对提供的信息及材料的真实性和准确性做出承诺。如由代理人代为办理，还需提供代理人的身份证明文件及复印件，以及授权委托书。对投资者因购房需求提前赎回的份额收取提前赎回费。

89 什么是个人养老金理财产品？

　　根据《关于推动个人养老金发展的意见》（国办发〔2022〕7号）和《商业银行和理财公司个人养老金业务管理暂行办法的通知》（银保监规〔2022〕16号），个人养老金理财产品指的就是可用个人养老金资金账户购买的理财产品。

　　截至2023年11月30日，符合规定的个人养老金理财产品共19只（见表6-1），产品名录可以通过国家社会保险公共服务平台进行查询。

表6-1　个人养老金理财产品目录（截至2023年11月30日）

序号	产品发行机构	产品名称
1	工银理财有限责任公司	工银理财·核心优选最短持有365天固收增强开放式理财产品
2		工银理财·鑫添益最短持有540天固收增强开放式理财产品

序号	产品发行机构	产品名称
3	工银理财有限责任公司	工银理财·鑫尊利最短持有1080天固定收益类开放式理财产品
4		工银理财·鑫悦最短持有720天固收增强开放式理财产品
5		工银理财·"鑫得利"固定收益类理财产品（2018年第32期）
6		工银理财·"鑫得利"量化策略联动固定收益类理财产品（2018年第4期）
7	农银理财有限责任公司	农银理财"农银同心·灵动"360天科技创新人民币理财产品
8		农银理财"农银顺心·灵动"365天固定收益类人民币理财产品
9		农银理财"农银顺心·灵动"1080天固定收益类人民币理财产品
10		农银理财"农银顺心·灵动"720天混合类人民币理财产品
11	中银理财有限责任公司	中银理财"福"（1年）最短持有期固收增强理财产品
12		中银理财"福"（18个月）最短持有期固收增强理财产品
13		中银理财"福"（2年）最短持有期固收增强理财产品
14		中银理财"福"（3年）最短持有期固收增强理财产品
15		中银理财"禄"（5年）最短持有期混合类理财产品
16	中邮理财有限责任公司	邮银财富添颐·鸿锦最短持有365天1号
17		邮银财富添颐·鸿锦最短持有1095天1号
18		邮银财富添颐·鸿锦最短持有1825天1号
19	贝莱德建信理财有限责任公司	贝莱德建信理财贝嘉目标风险稳健型固定收益类理财产品

90 个人养老金理财产品和养老理财产品有哪些区别?

个人养老金理财产品必须使用个人养老金资金账户购买,而养老理财产品无须使用专户购买。

个人养老金理财产品可根据投资者需求随缴随投,过了首个最短持有期后的赎回操作更加灵活;而养老理财产品多采用5年期封闭式的设计,投资期限较长,通过设置分红条款,来满足投资者流动性需求。

个人养老金理财产品不支持提前赎回,而养老理财产品在满足相应条件的基础上支持提前赎回。

个人养老金理财产品需使用个人养老金资金账户购买,因此购买金额受限,但可享受税收优惠政策;而养老理财产品单个投资者的购买金额原则上不超过300万元,但不享受税收优惠政策。

91 个人养老金理财产品的最短持有期限是多久?

截至2023年11月30日,符合规定的19只个人养老金理财产品中,最短需持有360天,最长需持有5年。

92 投资个人养老金理财产品会收取哪些费用?

个人养老金理财产品费用主要包括固定管理费、销售服务费、产品托管费、产品认购费、产品申购费、产品赎回费用等。其中,固定管理费、销售服务费和产品托管费等均已在产品内扣除;产品认购费、产品申购费、产品赎回费是投资者需要额外支付的费用，一般为零。

根据《商业银行和理财公司个人养老金业务管理暂行办法》（银保监规〔2022〕16号），个人养老金理财产品发行机构、销售机构和托管机构在商业可持续基础上，可以对个人养老金理财产品的销售费、管理费和托管费实施一定的费率优惠。截至2023年11月30日，19只个人养老金理财产品的销售服务费为0~0.3%、固定管理费为0~0.15%、产品托管费为0.015%~0.02%。

93 个人养老金理财产品的购买渠道有哪些？

投资者在开立个人养老金账户后，可通过银行营业网点、网上银行及手机银行等渠道购买个人养老金理财产品。

94 个人养老金理财产品可以提前赎回吗？

不可以，需等到产品封闭期结束后才能赎回。如参加人身故，资金账户的资产可以依法被继承，商业银行按照继承人要求办理产品赎回等。

第七章　公募基金

95　什么是公募基金?

公募基金是指以公开方式向社会公众投资者募集资金，并以证券为主要投资对象的证券投资基金。根据基金合同约定的投资对象和投资比例，可将公募基金分为股票型基金、债券型基金、货币市场基金、混合型基金、基础设施基金、QDII基金、基金中基金等，具体见图7-1。

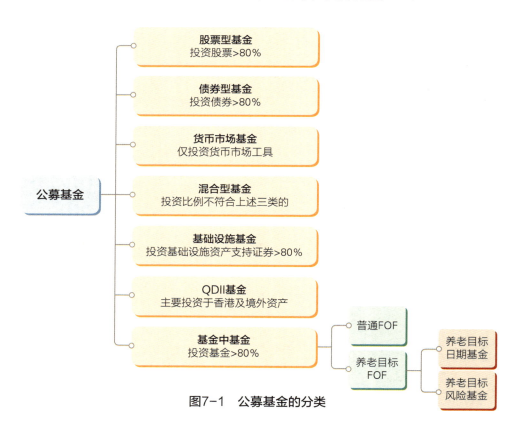

图7-1　公募基金的分类

💡 **小贴士**

公募基金通过发售基金份额，将众多不特定投资者的资金汇集起来，形成独立财产，委托基金管理人（基金公司、取得公募基金管理业务资格的证券公司资产管理子公司等）进行组合投资管理，基金托管人（商业银行或证券公司）进行财产托管，由基金投资者共享投资收益、共担投资风险。基金份额简单来说就是投资者买入基金后拥有的数量，是投资者享有对基金资产的收益分配、清算后剩余财产分配等相关权利，并需承担相关义务的凭证。

96 什么是股票型基金？

股票型基金是指将80%以上的基金资产投资于股票的基金，收益主要来源于所持有股票的升值及分红等。这类基金从整体上看长期收益高、短期波动风险大，基金个体间收益差距较大，适合有较高风险承受能力，并且希望获取较高回报的投资者。

97 什么是债券型基金？

债券型基金是指将80%以上的基金资产投资于债券的基金，收益主要来源于所持有债券的利息和买卖差价。这类基金的特点是收益相对稳定，风险较低，适合风险偏好低，追求稳健的投资者。

98 什么是货币市场基金?

货币市场基金的全部资产都投资于安全性高、流动性好的货币市场工具，如银行存款、大额存单、国债等，不能投资股票。这类基金风险极低、流动性很高（可随时申购、赎回），但收益很低，适合风险承受能力极低、流动性需求高、对收益要求不高的投资者，适合用来打理零钱，风险很低，赎回灵活。

> 💡 **小贴士**
>
> 大家在支付宝中常见到的"余额宝"，其实质就是货币市场基金。通过吸收投资人零散的资金，投入到利率更高、个人无法投资的银行间货币市场（银行之间相互借钱的地方），让大家享受赎回便利的同时，能获取高于活期存款的收益。

99 什么是混合型基金?

投资于股票、债券、货币市场工具或其他基金份额，并且股票投资、债券投资、基金投资的比例不符合股票基金、债券基金、基金中基金定义的，称为混合型基金。混合型基金的收益既包括持有股票的买卖差价和分红，也包括持有债券的利息收入和买卖差价。混合型基金的风险和收益水平通常高于债券型基金，但低于股票型基金，是一种风险适中的基金产品，适合不满足于债券型基金和货币市场基金这样的保守投资，但是又不偏好股票型基金这种高风险产品的投资者。

100 什么是基础设施基金？

基础设施基金（Real Estate Investment Trusts, REITs）是把80%以上的基金资产投资于基础设施资产支持证券的基金，产品收益依赖于基础设施项目运营产生的收益。与股票型基金和债券型基金相比，基础设施基金具有相对中等风险、中等收益的特征，且与常见的股票、债券等资产相关性低，比较适合想进行多元化资产配置的投资者。

101 什么是QDII基金？

QDII是Qualified Domestic Institutional Investor的缩写，即合格境内机构投资者。QDII基金是在国内以基金的方式募集资金，投资于海外资产的基金，可以让国内投资者间接参与国外的市场，并获取相应的市场收益。QDII基金是在货币没有实现完全自由兑换的情况下，经国家批准并在一定条件内允许部分境内机构投资境外资本市场的一项过渡性质的制度。

102 什么是基金中基金？

基金中基金（Fund of Funds，FOF）是指以其他公募基金为投资对象的基金，其投资组合由其他基金构成。这类产品的主要特点是将80%以上资产投资于"一篮子"基金，而不直接投资于股票、债券等资产。

103 什么是养老目标基金？

养老目标基金是一种创新型的公募基金，以追求养老资产的长期稳健增值为目的，鼓励投资人长期持有，采用成熟的资产配置策略，合理控制投资组合波动风险。养老目标基金采用基金中基金形式运作，是基金中基金的一个种类，包括养老目标日期基金及养老目标风险基金。

104 养老目标基金有什么特点？

养老目标基金以养老为目的，鼓励投资者长期持有，追求资产稳健增值，同时控制波动风险，具有以下三大特点：

长期投资。养老目标基金有持有期限制，封闭运作期或投资人的最短持有期限应当不短于1年，鼓励投资人长期持有。这在一定程度上帮助个人"管住手"，减少非理性频繁交易可能带来的收益损失；同时为养老"留专款""存长钱"，为养老增加财富保障。

控制风险。首先，通过资产配置分散风险。利用大类资产配置策略，对基金、股票、债券等不同类别资产配置不同比例，分散风险。其次，采用基金中基金的形式运作，80%以上的资产投资于其他基金，将投资风险进行二次分散，有利于进一步降低波动风险。最后，基于封闭期或最短持有期设置权益资产上限，原则上封闭运作期或最短持有期限越长，可投资权益资产比例越高，通过拉长期限来平滑投资组合风险。

优选基金。基金产品数量多、类型复杂，基金公司通过分析基金持仓行业、风格和业绩等因素，发挥专业优势解决选基难问题。

105 养老目标基金最短持有期是什么意思？

最短持有期是指资金锁定在基金里的最短时间，如投资者买入某个最短持有期为3年的基金，这一笔钱要赎回必须在3年以后。基金最短持有期越长，权益资产（如股票、股票型基金等）配置比例上限越高。养老目标基金最短持有期与权益资产比例上限见表7-1。

此外，最短持有期是针对投资者购买产品的每笔资金分别计算的。与在约定期间内既不能购买也不能卖出的封闭期产品不同，最短持有期产品可以随时购买。

表7-1 养老目标基金最短持有期与权益资产比例上限

最短持有期（年）	对应权益资产比例上限（%）
1	30
3	60
5	80

注 以上数据仅供参考，最短持有期、权益比例等请以产品法律文件为准

106 养老目标日期基金名称中的数字是什么意思？

养老目标日期基金是基于投资者的退休日期来构建投资策略的基金，产品名称会带有相应的年份，对应投资者的预计退休年份。例如，"养老目标2035"意思是该基金以2035年为退休时点，根据投资者生命周期内风险承受能力变化，动态调整资产比例，适合在2035年左右退休的人群购买持有。

107 养老目标日期基金的主要特点是什么？

养老目标日期基金主要特点是与投资者的退休年度相关。投资者只需要根据自己的退休年度就能选择到适合自己的产品，不需要在选产品上花费太多的时间与精力。

考虑到随着年龄增长，投资者的风险承受能力一般是逐步下降的，养老目标日期基金采取动态资产配置策略。即随着产品目标日期和退休年龄的临近，产品的权益类资产投资比例逐渐降低，同时产品的波动风险也逐渐降低。

拓展阅读

养老目标日期基金中的下滑曲线是什么?

下滑曲线是养老目标日期基金资产配置的"路线图","下滑"的是权益资产的配置比例（见图7-2）。和普通的投资理财相比，养老投资时间更长，可能贯穿全生命周期，在这个过程中，投资者的风险偏好、人力资本等会发生显著变化，需要动态调整资产配置结构。随着退休日期的临近，养老目标日期基金从整体趋势上，会逐步降低风险相对较高的权益类资产的配置比例。

图7-2 某养老目标日期基金的下滑曲线策略

108 养老目标日期基金适合哪些人?

适合投资经验不足，想简单省心进行"一站式"养老投资的投资者，或无暇顾及账户资产管理的投资者。投资者仅需根据自己的退休时间，买入对应的养老目标日期基金，持有到退休，无须根据年龄变化调整基金。各类养老目标日期基金适合的投资者见表7-2。

表7-2　各类养老目标日期基金适合的投资者

基金简称	适合的投资者	出生年份
××养老2030三年持有	2030年前后退休	1965—1969年
××养老2035三年持有	2035年前后退休	1970—1974年
××养老2040三年持有	2040年前后退休	1975—1979年
××养老2045三年持有	2045年前后退休	1980—1984年
××养老2050三年持有	2050年前后退休	1985—1989年

数据来源：根据公开资料整理。

109 养老目标日期基金到期后会停止运作吗？

目前，从市场上的产品设计来看，养老目标日期基金到期后一般会转型成普通基金中基金继续运作，而不再受原养老目标日期基金的最短持有期限制，以更好满足持有人退休后的日常领取需要。届时，其资产投向以债券和债券类基金为主，更加重视资产安全，追求更加稳健收益。

110 养老目标风险基金的主要特点是什么？

养老目标风险基金的主要特点是通过固定权益资产比例方式，将产品整体风险控制在预先设定的目标范围内，以匹配不同风险偏好程度的投资者。养老目标风险基金名称一般带有体现风险特征的字样，比如"保守""均衡""进取"，名称代表的风险等级越高，权益资产比例越高，产品波动风险越大。以某基金管理公司为例，各类养老目标风险基金权益资产比例上限见表7-3。

表7-3　某基金管理公司的各类养老目标风险基金权益资产比例上限

风险特征	对应的权益资产比例上限（％）
保守	10
稳健	20
平衡/均衡	40
积极	60
进取	80

注　以上表格仅供参考，风险特征请以产品法律文件为准。

111 养老目标风险基金适合哪些人？

养老目标风险基金适合具备一定投资经验且了解自己风险承受能力的投资者，或希望进行主动决策的投资者。各类养老目标风险基金适合的投资者见表7-4。

表7-4　各类养老目标风险基金适合的投资者

基金简称	适合的投资者	风险收益特征
××保守养老	保守、偏好低风险	低
××稳健养老	稳健、偏好中低风险	中低
××平衡/均衡养老	平衡、偏好中风险	中
××积极养老	积极、偏好中高风险	中高
××进取养老	进取，偏好高风险	高

注　以上表格仅供参考，风险收益特征请以产品法律文件为准。

112 个人养老金可以购买哪些基金产品？

个人养老金可以投资的基金产品须具备运作安全、成熟稳定、标的规范、侧重长期保值等特征。产品类型包括：一是最近四个季度末规模不低于5000万元或者上一季度末规模不低于2亿元的养老目标基金；二是投资风格稳定、投资策略清晰、运作合规稳健且适合个人养老金长期投资的股票型基金、混合型基金、债券型基金、基金中基金和中国证监会规定的其他基金。

个人养老金基金名录由中国证监会确定，每季度通过中国证监会网站、基金业协会网站、基金行业平台等向社会发布。

113 养老目标基金Y类份额与普通份额有哪些区别？

养老目标基金Y类份额是仅供第三支柱个人养老金账户投资的份额。Y类份额与普通份额实际投资管理是一样的，享受同等收益。Y类份额与普通份额区别如下：

费率优惠。Y类份额的管理费、托管费等享受费率优惠，如首批Y类份额的管理费和托管费在原份额的基础上打5折，申购费优惠，同时不收取销售服务费。

红利再投。Y类份额的分红方式主要默认选择"红利再投资"（其他份额通常是默认选择"现金分红"）。红利再投资的收益分配方式有助于鼓励投资人长期持有，产生投资复利效果。

专属投资。Y类份额只能通过个人养老金资金账户申购，赎回款转入个人养老金资金账户。

严格筛选。Y类份额的基金产品需符合投资风格稳定、投资策略清晰、运作合规稳健且适合个人养老金长期投资的标准，由证监会严格筛选。

拓展阅读

常见的基金A、C等各类份额的含义

基金公司将一只基金分为多类份额是为了服务不同类型的投资者。同一基金的各类份额均统一投资管理，区别在于申购费、销售服务费的设置不同，销售渠道的限制不同，且独立计算净值，从而服务不同类型的投资者。以某公司养老目标基金的A、C类份额为例，各类份额收费区别见表7-5。

表7-5　某公司养老目标基金A、C类份额费用列表

份额类别	申购费	赎回费	销售服务费	基金管理费	托管费
A类份额	$M<50$万元，1.50%； 50万元$\leq M<200$万元，1.20%； 200万元$\leq M<50$万元，0.80%； $M\geq500$万元，1000元/笔	$T<7$日，1.50%； 7日$\leq T<30$日，0.75%； 30日$\leq T<365$日，0.05%； $T\geq365$日，0.00%	0.00%	0.90%	0.20%
C类份额	0.00%	$T<7$日，1.50%； 7日$\leq T<30$日，0.75%； 30日$\leq T<365$日，0.05%； $T\geq365$日，0.00%	0.40%	0.90%	0.20%

注　M指申购金额，T指持有时间。

数据来源：根据公开资料整理。

114 购买养老目标基金Y类份额会收取哪些费用?

投资养老目标基金Y类份额会涉及四类费用:管理费、托管费、申购费、赎回费。从首批Y类份额基金来看,合计费率在0.5%左右,而普通A类份额费率在1%左右。

管理费是支付给基金管理人(基金公司、取得公募基金管理业务资格的证券公司、资产管理子公司等)的;托管费是支付给基金托管人(商业银行或证券公司)的;申购费是在购买基金时支付给销售渠道的手续费;赎回费是在卖出基金时需支付的费用,通常大部分归入基金资产,由剩余的基金持有人享有。

某基金公司养老目标基金Y类份额收费标准见表7-6。

表7-6 某基金公司养老目标基金Y类份额收费标准

基金简称	份额	运营费用		交易费用	
		基金管理人	基金托管人	销售渠道	基金财产等
		管理费	托管费	申购费	赎回费
目标日期基金:某养老2045三年持有	A类份额	0.9%/年	0.20%/年	代销有一定费用;直销零费率	持有期满零费率
	Y类份额	0.45%/年	0.10%/年		
目标风险基金:某稳健养老一年持有	A类份额	0.6%/年	0.15%/年	代销有一定费用;直销零费率	持有期满零费率
	Y类份额	0.3%/年	0.08%/年		

数据来源:根据公开资料整理。

小贴士

　　赎回费的设置是为鼓励投资者长期投资，持有时间越长，赎回费越低，直至为零。一般基金合同会规定，赎回费中扣除应归属基金财产的部分后，其余用于支付登记费和其他必要的手续费。一般来说，如持有时间少于7日，赎回费全部计入基金财产，随着持有时间的增长，计入基金财产的比例逐渐降低至不低于75%、50%、25%。

115 购买养老目标基金Y类份额需要关注什么？

　　基金管理人方面，选择信誉度较高、管理规模较大的基金公司。基金公司管理规模大侧面说明市场认可度高，拥有更多的资源去培养和挖掘优秀的基金经理和研究团队，往往能够对公司产品收益形成正反馈。

　　基金经理方面，优选证券从业时间长的资深投资经理。市场经验和阅历只能靠长期积累，资深投资经理经历过市场完整的牛熊周期，对风险控制会有更加深刻的理解和更科学的应对方式，与养老金长期稳健增值的需求更加契合。

　　基金产品方面，首先，关注持有期，目标风险及目标日期产品选择均须结合不同的持有期考虑该产品的实际风险；其次，关注业绩比较基准。从业绩比较基准可以看出该基金大致的权益配置比例；再次，业绩比较基准设定得越高，大概率表示该基金经理对自己的业绩表现越有信心；最后，关注基金费率，包括管理费、托管费、申购费及赎回费，各项费率越低越好。

小贴士

目标风险基金中名称中带有“稳健”字样的产品既有1年持有期也有3年持有期，两种不同持有期的权益配置比例和实际风险并不一致。目标日期基金中名称中带有“2040”的产品既有3年持有期也有5年持有期，两种不同持有期的权益配置比例和实际风险也并不一致。一般来说，同一类产品持有期越长，权益资产配置比例越高，风险也越大。

116 养老目标基金Y类份额的购买渠道有哪些？

基金的购买渠道不一定都是养老目标基金Y类份额的购买渠道。养老目标基金Y类份额购买渠道分为两类：一是发行养老目标基金Y类份额的基金管理人及其销售子公司；二是销售机构名录包含的销售渠道。证监会对可开展养老目标基金Y类份额销售相关业务的销售机构有专门要求，实施名录管理，并持续监督，动态更新。具体购买方式如下：

一是基金管理人及其销售子公司渠道。下载基金公司（销售子公司）App或登录其网站，进入个人养老金专区，绑定个人养老金资金账户，即可购买产品。从基金公司（销售子公司）购买基金时可享受最低的申购费率优惠。

二是销售机构名录包括的销售渠道。截至2023年第三季度末，养老目标基金Y类份额销售机构名录见表7-7。

表7-7　养老目标基金Y类份额销售机构名录（截至2023年第三季度末）

机构	数量	具体名称
商业银行	19家	工商银行、农业银行、中国银行、建设银行、交通银行、邮储银行、中信银行、光大银行、招商银行、浦发银行、民生银行、平安银行、兴业银行、广发银行、华夏银行、北京银行、宁波银行、上海银行、江苏银行
证券公司	22家	华泰证券、中信证券、广发证券、中信建投、招商证券、银河证券、国泰君安、国信证券、东方证券、兴业证券、海通证券、申万宏源、中金财富、长江证券、中信证券（山东）、中信证券（华南）、平安证券、安信证券、方正证券、中银证券、中泰证券、申万宏源西部证券
独立基金销售机构	7家	蚂蚁基金（可通过支付宝进入）、腾安基金（可通过微信理财通进入）、天天基金、盈米基金、同花顺基金、雪球基金、京东肯特瑞基金

注　1. 实时名录信息以人社部信息平台及基金行业平台发布的名录为准。
　　2. 非名录内的基金管理人及其销售子公司可以办理该基金管理人募集的个人养老金基金的销售相关业务。

117 什么是商业保险？

根据《保险法》（2015年第十二届全国人民代表大会常务委员会第十四次会议修正）规定，商业保险是指投保人根据合同约定，向保险人支付保险费，保险人对于合同约定的可能发生的事故因其发生所造成的财产损失承担赔偿保险金责任，或者当被保险人死亡、伤残、疾病或者达到合同约定的年龄、期限等条件时承担给付保险金责任的行为。商业保险分为人身保险和财产保险（见图8-1）。人身保险是以人的寿命和身体为保险标的的保险。财产保险是以财产及其有关利益为保险标的的保险。

保险的本质是转移风险，通过缴纳确定的保费，把未来可能因风险造成的不确定的经济损失（或收入减少），提前转移至保险公司。一旦发生保险合同约定的风险事故或达到约定条件，被保险人或者受益人能够获取保险公司支付的保险金，确保生活不会发生太大变动。

 小贴士

投保人是指与保险人订立保险合同，并按照合同约定负有支付保险费义务的人。投保人和保险人可以协商变更合同内容。投保人可以解除合同。

保险人是指与投保人订立保险合同，并按照合同约定承担赔偿或者给付保险金责任的保险公司。

被保险人是指其财产或者人身受保险合同保障，享有保险金请求权的人。投保人可以为被保险人。

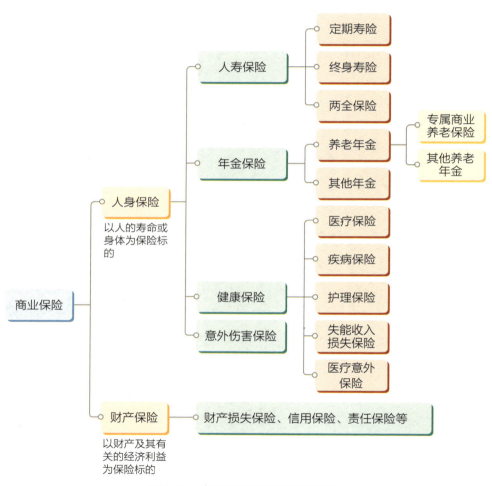

图8-1　商业保险按保险责任分类

118 商业人身保险与社会保险有什么区别？

保险性质不同。社会保险属于政府为实施某一社会政策的体现，是政府行为；商业人身保险属于商业性质，其行为是等价交换的买卖行为，是商业行为。

保险对象不同。社会保险的保险对象是法律规定的社会劳动者，凡法律规定属于社会保险的保险对象，都必须参加社会保险，社会化程度高；商业人身保险的保险对象较灵活，基于投保人的自愿而非强制。

实施方式不同。社会保险主要采取强制方式实施，一般属于强制保险；而商业人身保险一般采取自愿原则，主要属于自愿保险。

保障水平不同。社会保险的保障水平是基本生活需要；商业人身保险的保障水平是满足人们对保障水平的特定需要。

经营目的不同。社会保险不以营利为目的，而以确保社会安定、提高社会福利、促进经济增长、推动社会进步为目的；商业人身保险则以营利为目的。

119 商业人身保险有哪些类型？

根据《人身保险公司保险条款和保险费率管理办法》（中国保险监督管理委员会令2011年第3号，2015年修订），商业人身保险分为人寿保险、年金保险、健康保险、意外伤害保险。

人寿保险是以人的寿命为保障对象的人身保险。人寿保险通常以被保险人在保险期间内生存或身故作为给付保险金的条件。有些人寿保险产品在提供身故保障的同时还提供全残保障。人寿保险按照保险责任可以分为定期寿险、终身寿险和两全保险。**年金保险**是指以被保险人生存作为给付保险金的条件，并按约定的时间间隔分期给付生存保险金的人身保险。**健康保险**是指以因健康原因导致损失作为给付保险金条件的人身保险，可分为医疗保险、疾病保险、护理保险、失能收入损失保险、医疗意外保险等。意外伤害保险是指以被保险人因意外事故而导致身故、残疾或者发生保险合同约定的其他情形作为给付保险金条件的人身保险。

120 具有养老保障功能的商业保险有哪些？

保险期间能覆盖被保险人老年阶段、可长期提供现金流给付、实现投保资金保值增值的产品，都可视为具有养老保障功能的商业保险产品，例如年金保险、两全保险和终身寿险（特别是增额终身寿险）。其中，养老年金保险是指以养老保障为目的的年金保险。

根据《人身保险公司保险条款和保险费率管理办法》（中国保险监督管理委员会令2011年第3号，2015年修订），养老年金保险应当符合下列条件：一是保险合同约定给付被保险人生存保险金的年龄不得小于国家规定的退休年龄；二是相邻两次给付的时间间隔不得超过一年。

📖 拓展阅读

增额终身寿险

增额终身寿险是终身寿险的一种，一般终身寿险的保额是固定的，而增额终身寿险的有效保额每年以一定比例复利递增，一直持续终身，由此得名"增额"。而当保额有所增加时，现金价值自然也会随着保额的增加而增加，这也是增额终身寿险的一大亮点，具有安全稳定、收益确定、领取灵活的特点。

增额终身寿险产品具备收益稳定性和资金灵活性双重特点。在收益稳定性方面，增额终身寿险的收益以现金价值的方式呈绝对确定性，即刚性兑付，与储蓄型保险如投连险和万能险相比，稳定性更高；在资金灵活性方面，增额终身寿险可以通过加保、减保来创造现金流，以满足客户群体对特定资金的规划需求。

121 什么是定期寿险？

定期寿险是指以被保险人死亡为给付保险金条件，且保险期间为固定期限的人寿保险。定期寿险提供一个固定期间的保障，如10、20年，或到被保险人达到某个年龄为止。在保险期间内，如果被保险人不幸身故，保险公司则给付保险金；保险期间结束时，如果被保险人仍然生存，则保险合同终止。

122 定期寿险的特点是什么？

定期寿险一般比其他寿险产品便宜，可以用较少的钱获得较高的身故保障；定期寿险的保险期间可灵活选择，能够满足消费者在特定时期的保障需求。

定期寿险比较适合收支节余不多，又要承担较重家庭责任的消费者，例如处于事业起步阶段或刚刚建立家庭的年轻人，若其不幸身故，家庭可能会失去主要的经济来源，身故保险金可以用于分担家庭生活开支、赡养父母、抚养子女或偿还贷款等。

小贴士

　　保险金额又叫保额，是指保险人承担赔偿或者给付保险金责任的最高限额。

123 什么是终身寿险?

　　终身寿险是指以被保险人死亡作为给付保险金的条件，且保险期间为终身的人寿保险。终身寿险能够为被保险人提供终身的保险保障。投保后，不论被保险人在什么时间身故，保险公司都要按合同约定给付保险金。

124 终身寿险的特点是什么?

　　终身寿险兼具保障及储蓄功能，一般都有较高的现金价值。在其他条件相同的情况下，终身寿险比定期寿险贵，保险期间更长。

 小贴士

　　保单现金价值是长期人身保险的一个概念，又称"解约退还金"或"退保价值"。通常体现为，在解除保险合同时，根据精算原理计算的、应由保险公司退还的那部分金额。各保单年末的现金价值一般会在保险单中载明。

　　计算公式可以简单理解为：

保单现金价值=投保人已缴纳的保费−保险公司的管理费用、销售费用等分摊金额−保险公司已承担该保单保险责任所需要的纯保费（也称净保费或风险保费）+剩余保费所产生利息

一般来说，现金价值通常都不等于已经缴纳的保费金额。特别是在长期寿险合同的前期，现金价值可能低于缴纳的保费金额，如果中途退保就会带来经济损失。但越往后，现金价值会累积得越高，通常会超过保费。

125 定期寿险与终身寿险有什么区别?

定期寿险与终身寿险的区别体现在保险责任的范围、保险期限、保单现金价值、适用人群、产品费率等方面，具体见表8-1。

表8-1　定期寿险与终身寿险的区别

类别	保险责任范围	保险期限	保单现金价值	适用人群	产品费率
定期寿险	具有风险保障功能	有限	若是中途退保，现金价值相对较低	适合收入较低而家庭责任较重的人群，如事业处于起步阶段或刚组建家庭的年轻人	定期寿险的费率要明显低于终身寿险
终身寿险	兼具风险保障、储蓄及投资功能	终身	若中途退保，现金价值相对较高	适合有较强经济实力、有遗产规划需求的人群，如事业稳定、有较高收入的人群	

126 什么是两全保险?

两全保险是指在保险期间内以死亡或保险期满时生存为给付保险金条件的人寿保险。两全保险同时具有保障和储蓄功能,但比起一般的终身寿险,其储蓄功能更为突出。

127 两全保险的特点是什么?

由于两全保险同时包含身故和生存给付,其保费相对定期寿险和终身寿险都要高。两全保险的身故保障功能与定期寿险、终身寿险类似;生存保险金可以用于教育、养老等支出。

128 什么是年金保险?

年金保险是指以被保险人生存作为给付保险金的条件,按约定分期给付生存保险金,且分期给付生存保险金的间隔不超过一年(含一年)的人身保险。年金保险因其在保险金的给付上采用按年定期支付的形式而得名,实际操作中年金保险还有按季度给付、按月给付等多种形式。

根据年金给付的主要用途,年金保险可以分为教育年金保险、收入年金保险和养老年金保险。其中养老年金保险是最主要的一种,可以为被保险人提供老年生活所需的资金。

129 年金保险的特点是什么?

作为典型的风险转移型产品,年金保险的收益率随持有年限增加而增长，客户寿命越长、收益水平越高。在同等保费投入、同等投资收益水平和同等每期领取金额的前提下，年金保险可提供终身的养老现金流给付，从而实现长寿风险的转移。

终身领取的年金保险代表了养老金最基本的要义：按期领取、终身领取。而且年金保险完全属于投保人，并通过保险合同这种契约形式进行约束。要交多少钱？领取时每年、每月领多少钱？保证领取多少年？领取前身故赔多少钱？诸如此类，都被写进了合同里。

130 年金保险与定期寿险和终身寿险有什么区别？

给付的条件不同。年金保险是一种以被保险人生存作为给付条件，在一定时期内定期给付约定金额的保险产品，其目的是为年金受领人提供定期财务支持；而定期寿险和终身寿险是以被保险人死亡作为保险金的给付条件，以此来保障那些因为被保险人身故而丧失收入来源的指定受益人的保险。

131 年金保险与基本养老保险有什么区别？

责任主体的性质不同。基本养老保险的责任主体是政府，而年金保险的责任主体是承保的保险公司。基本养老保险是国家强制性的社会保险，是通过法律手段推行的政策，所交金额和收入水平挂钩；而年金保险则是建立在双方平等互利、自愿签约的基础之上的，投保人可根据自身需求和支付能力，根据保险公司的不同产品条款设计，自行选择投保产品、保险金额、保费缴纳频次和金额。

领取的条件不同。基本养老金的领取条件是达到法定退休年龄时，累计缴费年限（含视同缴费年限）满十五年；而年金保险只要达到合同约定的年龄后，就可以领取约定的养老保险金。因此，基本养老金的领取时间取决于国家设定的退休年龄，一旦延迟退休政策正式落地，领取时间自然也相应后延。年金保险的领取时间在投保时就可以确定，不受国家退休政策的影响。例如，投保时选择了60周岁领取，即使国家后续推行了延迟退休政策，也只会影响基本养老保险的待遇领取时间，年金保险的领取时间依然会按投保时的合同约定执行。

领取的确定性不同。基本养老保险缴纳的金额是确定的，但领取的金额是不确定的，主要受宏观经济、财政补贴等因素，以及社保所在地的社会平均工资水平的影响；而年金保险的领取金额在购买时就已经确定，通过保险合同锁定了长期收益。

配套的服务不同。保险公司为了吸引消费者，会额外提供增值服务，比如健康管理服务、养老服务、养老社区入住权益等。

132 什么是专属商业养老保险?

为推动第三支柱养老保险持续规范发展，更好满足广大人民群众多样化养老需求，国家金融监督管理总局2023年10月印发《关于促进专属商业养老保险发展有关事项的通知》(金规〔2023〕7号)，通知中明确"专属商业养老保险是指资金长期锁定用于养老保障目的，被保险人领取养老金年龄应当达到法定退休年龄或年满60周岁的个人养老年金保险产品"。

拓展阅读

专属商业养老保险试点

2021年5月，《中国银保监会办公厅关于开展专属商业养老保险试点的通知》（银保监办发〔2021〕57号）发布，在浙江省（含宁波市）和重庆市开展专属商业养老保险试点，创新开发投保简便、缴费灵活、收益稳健的专属商业养老保险产品，参与试点的保险公司包括中国人民人寿保险股份有限公司、中国人寿保险股份有限公司、太平人寿保险有限公司、中国太平洋人寿保险股份有限公司、泰康人寿保险有限责任公司、新华人寿保险股份有限公司六家人寿保险公司。

2022年3月1日，《中国银保监会办公厅关于扩大专属商业养老保险试点范围的通知》（银保监办发〔2022〕13号）发布，专属商业养老保险试点区域扩大到全国范围。在原有的六家试点公司基础上，允许所有养老保险公司参与试点。

2023年10月20日，国家金融监督管理总局印发了《关于促进专属商业养老保险发展有关事项的通知》（金规〔2023〕7号），明确相关业务要求，进一步扩大经营专属商业养老保险业务的机构范围，符合条件的人身保险公司可以经营，正式将专属商业养老保险由试点业务转为常态化业务。

133 专属商业养老保险的特点是什么？

按照国家金融监督管理总局《关于促进专属商业养老保险发展有关事项的通知》（金规〔2023〕7号）中有关产品设计的要求，专属商业养老保险产品具有以下特点：

安全性高，收益保底。产品设计一般提供稳健型和进取型两种账户，为消费者提供风险偏好不同的投资选择，每一次交费均可根据自身风险偏好和投资判断自主选择分配比例，并且每年可有一次或多次账户转换机会。两种账户都设置有保证利率，保证利率在保险合同中列明，积累期（开始领取养老年金前）采取"保证+浮动"的收益模式。保险公司按年度结算两个账户收益，并要求在1月份的前6个工作日内确定并公布上一年度投资组合的实际结算收益率。

　　专属养老，鼓励长期持有。产品设计为年满60周岁才可领取；有些产品还可选择65、70、75岁等年龄开始领取，这样可以延长积累期时间，获得更高的账户收益。领取期至少10年；也可选择终身领取，活多久领多久，提供终身持续的现金流，规避长寿风险。另外，有些产品还设计有账户持续奖励，账户持有期达到一定年限后直接给付一定金额的奖励，如某产品约定"第11个结算日向投资组合账户给付账户第10个结算日当日的投资组合账户价值的1%，作为账户持续奖励"。

　　保费起投门槛低，交费灵活。专属商业养老保险保费更贴近低收入群体，100元即可投保；交费期灵活，对交费年限和交费次数没有要求，一次性交费、按月交费或按年交费均可。如果投保人资金紧张，可以缓交保费或停止后续追加保费，不会出现因交不上保费而导致保单失效的情况。

　　保险责任包括年金领取责任、身故责任，有些产品还提供重疾、护理、意外等其他保险责任。其中，消费者在保险合同期内身故，赔付金额在积累期内不得低于账户价值；在领取期内身故，赔付金额不得低于保证领取剩余部分与年金转换时的账户价值减去各项已领取金额的较大者，累计赔付金额不得低于领取期与积累期转换时的账户价值。对于其他长期养老金领取方式，累计赔付金额不得低于消费者尚未领取的权益部分价值。

　　费率优惠，初始费用低。产品附加费用率大幅低于同类保险产品。账户初始费上限也低于大多万能型产品。大多专属商业养老保险产品不收取初始费用。

134 专属商业养老保险产品的收益水平如何？

专属商业养老保险产品提供稳健型和进取型两种账户，保证利率都会写进保险合同，实际结算利率采用"保底+浮动"的方式，可以在保险公司官网查询。

稳健型账户，保证利率不超过2.5%，主要配置固定收益类资产。

进取型账户，保证利率普遍在0%~1%，主要在固定收益类资产和权益类资产中实现平衡收益。

📖 拓展阅读

专属商业养老保险产品年化结算利率

专属商业养老保险2021年问世后，根据现有产品保险公司已公布的实际结算收益，2021、2022年产品实际结算利率见表8-2。

表8-2 专属商业养老保险产品近年的实际结算利率

账户类型	2021年	2022年
稳健型账户	4%~6%	4.3%~5.15%
进取型账户	5%~6.1%	4.5%~5.7%

由于个人养老金保险产品运行时间较短，最终结算利率还有待时间检验。

135 专属商业养老保险的领取金额如何确定？

根据专属商业养老保险产品条款，养老年金领取标准根据领取起始日当时适用的养老年金领取转换表确定，由积累的保单账户价值和领取的期限（终身领取、10年领取、20年领取等）确定每月（或每年）养老年金领取金额。养老金领取转换表由保险公司官网公布，根据利率、死亡率变化适时调整。保险公司可以与消费者约定，在消费者签订保险合同时或在消费者到达保险合同约定的开始领取年龄时锁定当期转换表。转换表一经锁定，不得调整。消费者开始领取养老金后，不得调整已选定的养老年金领取转换标准。

☆ 案例

被保险人65岁（男性），保单账户积累价值假设达到100万元。保单约定65岁开始按年领取养老年金，并终身领取。按照表8-3所示的转换表换算，被保险人每年将领取61178（611.78×100）元，可以一直领取到身故。

表8-3 养老年金领取转换表——终身领取
（每万元保单账户价值转换的领取金额）

单位：元

领取起始年龄（周岁）	领取方式			
	年领		月领	
	男性	女性	男性	女性
60	553.26	515.97	47.35	44.08
61	563.67	524.50	48.27	44.82
62	574.72	533.42	49.25	45.60
63	586.45	542.80	50.28	46.43
64	598.74	552.74	51.37	47.30

领取起始年龄（周岁）	领取方式			
	年领		月领	
	男性	女性	男性	女性
65	611.78	563.13	52.52	48.21
66	625.67	574.06	53.74	49.18
67	640.09	585.66	55.03	50.19
68	655.48	597.73	56.40	51.26
69	671.78	610.43	57.84	52.38
70	688.76	623.95	59.37	53.57
71	706.87	637.88	60.98	54.81
72	725.80	652.66	62.67	56.12
73	745.66	668.28	64.46	57.50
74	766.93	684.37	66.35	58.94
75	788.59	701.41	68.33	60.46
76	811.63	719.33	70.41	62.05
77	836.20	737.79	72.60	63.71
78	860.96	757.35	74.90	65.45
79	887.55	777.79	77.31	67.28
80	915.67	798.85	79.85	69.19
81	944.11	821.36	82.52	71.20
82	974.85	844.74	85.33	73.30

136 普通型、分红型、万能型、投资连结型保险是什么意思？

按照保单利益设计方式不同，商业人身保险还可以分为普通型、分红型、万能型、投资连结型，见图8-2。

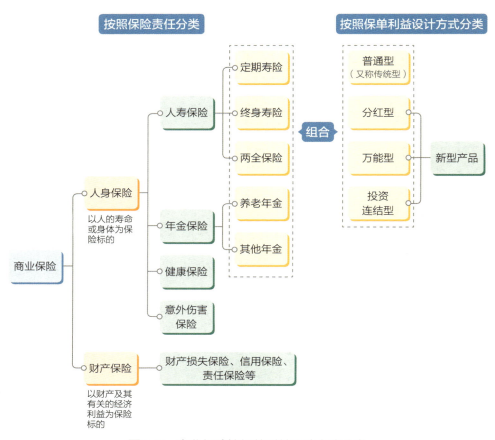

图8-2　商业保险按保单利益设计方式分类

　　普通型保险又称传统型人身保险，是指保单利益、保费在投保时就已经确定的人身保险。

　　分红型、万能型、投资连结型等保险产品称为人身保险的"新型产品"，兼具保险保障与长期储蓄功能，客户可以共享保险公司的专业投资成果。新型产品在中国保险市场已经存在二十多年了，但由于其相对复杂，保单利益存在不确定性，因此受到监管机构更为严格的监管。在"保险姓保"的监管思路下，要求新型产品回归保障本源，保障投保人和被保险人的利益。

小贴士

对于新型人身保险产品，监管机构规定，保险公司应当在公司官方网站、公司官方公众服务号等自营平台为投保人提供保单状态报告、红利通知、结算利率、投资账户单位价格等信息查询路径，并按投保人要求，通过邮寄、电子邮件等形式，及时将相关利益信息材料送达投保人。

137 分红型保险有什么特点？

分红型保险是指保险公司将其实际经营成果优于定价假设的盈余，按照一定比例向保单持有人进行分配的保险。与普通型保险相比，分红型保险增加了分红功能。分红是不固定的，也是不保证的，分红水平与保险公司的经营状况有着直接关系。通常来说，在保险公司经营状况良好的年份，客户可能分到较多的红利，但如果保险公司的经营状况不佳，客户能分到的红利就可能比较少，甚至没有。

138 万能型保险有什么特点？

万能型保险是指包含保险保障功能并设立保底投资账户（通常只有一个）的人寿保险，其特点见图8-3。

兼具投资和保障功能	保费的一部分用于提供风险保障，扣除风险保险费以及相关费用后，剩余保费在投资账户中进行储蓄增值
交费灵活、收费透明	通常来说，投保人交纳首期保费后，可不定期、不定额地交纳保费。同时，保险公司向投保人明示所收取的各项费用
灵活性高、保额可调整	账户资金可在一定条件下灵活支取。投保人可以按合同约定提高或降低保险金额
通常设定最低保证利率，定期结算投资收益	可为投资账户提供最低收益保证，投保人可与保险公司共享最低保证收益以上的投资回报

图8-3　万能型保险的特点

139 投资连结型保险有什么特点？

投资连结型保险是指包含保险保障功能且至少在一个投资账户拥有一定资产价值的保险，特点见图8-4。

1 兼具投资功能和保障功能

保费的一部分用于提供身故等风险保障，扣除风险保险费以及相关费用后，剩余保费在投资账户中进行储蓄增值

2 交费灵活、收费透明

通常来说，投保人交纳首期保费后，可不定期、不定额地交纳保费。同时，保险公司向投保人明示所收取的各项费用

3 灵活性高，账户资金可自由转换

由于投资连结保险通常具有多个投资账户，不同投资账户具有不同的投资策略和投资方向，投保人可以根据自身偏好将用于投资的保费分配到不同投资账户，按合同约定调整不同账户间的资金分配比例，并可以随时支取投资账户的资金

4 通常不设定最低保证利率

投资收益可以在账户价格波动中反映出来（我国的保险公司目前通常不迟于一周公布一次账户价格），因此，若具体投资账户运作不佳或随股市波动，投入该投资账户的投资收益可能会出现负数

图8-4　投资连结型保险的特点

140 如何通过保险名称识别保险类型？

产品的具体类型可以从名称中知晓。按照《人身保险公司保险条款和保险费率管理办法》（中国保险监督管理委员会令2011年第3号，2015年修订）要求，保险产品名称应符合以下一般格式："保险公司名称+吉庆、说明性文字+产品类别+（设计类型）"以及中国保险监督管理委员会备案号。

吉庆、说明性文字由各保险公司自定，承保方式对于团体保险来说必须要有"团体"字样，产品类别为"定期寿险""终身寿险""两全保险""年金保险""健康保险"和"意外伤害保险"，设计类型分为普通型、分红型、万能型、投资连结型等，普通型产品无须在名称中注明保单利益设计类型。如某产品名称为"XX人寿福鑫胜意养老年金保险（分红型）"，其中"XX人寿"是保险公司名称，"福鑫胜意"是自定的吉庆、说明性文字，"养老年金保险"是产品类别，"（分红型）"是设计类型。

141 如何选择配置商业养老保险？

明确养老需求。按照身体状况和年龄，从养老方式到养老品质的需求各不相同，但任何一种养老需求的实现都离不开充裕的养老资金。为保证各阶段养老生活品质，建议优先配置意外与健康风险保障，将疾病与意外产生的大额开销进行转嫁，防止因病致贫或养老资金挪用。在此基础上，按照终身现金流和稳健资金池的顺序配置商业养老保险。其中，终身现金流是提升替代率的有效方式，与消费者的基本养老金、企业年金合力为养老生活提供品质保障；稳健资金池的作用是实现养老资金的安全增长，尽最大可能去扩大养老资金。如果是以终身现金流为目标，那么选择年金保险作为典型的分期领取的保障型产品更合适；如果是以稳健资金池为目标，则以相对灵活并兼具一定理财属性特点的增额终身寿险更为突出。

选择养老保险产品。通过养老金领取方式和领取时长的选择，帮助消费者初步锁定养老保险产品类别。选择分期领取养老金的，养老年金产品为消费者建立强制储蓄习惯，并获得终身领取现金流的稳定保障，提升养老安全感，实现养老资金专款专用，尤其适合担心养老资金被挪用或者存不住钱的人群；选择一次性领取的，增额终身寿险和两全保险为消费者养老资金提供安全稳定增长，更适合有长期稳健储蓄需求，想要锁定较高利率的人群。

用好保险客户服务。常见的保险客户服务有续保提醒、保单检视、保全服务、理赔服务等。除前述服务项目外，养老保险产品通常会提供增值服务以提升市场竞争力，通过对客户健康进行监测、分析和评估，对客户的健康危险因素进行干预，帮助客户保持健康状态，例如健康体检、健康咨询、健康促进、疾病预防、慢病管理、就医服务、康复护理等，消费者在购买保险时可及时了解。

此外，如果购买了承诺入住养老社区的保险产品，还要关注养老社区的建设完成情况及后续入住要求，查看保险合同是否有明文规定以及是否包含入住养老社区的正式书面文件。

142 个人养老金可以购买哪些商业保险？

《个人养老金实施办法》（人社部发〔2022〕70号）第三十三条规定："个人养老金产品及其发行、销售机构由相关金融监管部门确定。个人养老金产品及其发行机构信息应当在信息平台和金融行业平台同日发布。"个人养老金制度处于初始阶段，覆盖面大、业务要求高、关系人民群众切身利益，保险行业监管机构对开展个人养老金业务的保险公司和提供的个人养老金保险产品明确了基本条件，主要选择资本实力较强、经营较为规范的公司参与，并要求产品条款和费率应报保险监管部门审批或备案。

截至2023年11月底，共有99只产品进入个人养老金产品目录，其中税延险45只、年金险29只、两全险14只、专属商业养老保险11只。个人养老金保险类产品目录可通过国家社会保险公共服务平台（http://si.12333.gov.cn/）查询。

根据《中国银保监会关于保险公司开展个人养老金业务有关事项的通知》（银保监规〔2022〕17号）第三款规定，保险公司开展个人养老金业务，可提供年金保险、两全保险，以及银保监会认定的其他产品。个人养老金保险产品应符合图8-5所示规定。

| 1 | 保险期间不短于5年 | 2 | 保险责任限于生存保险金给付、满期保险金给付、死亡、全残、达到失能或护理状态 | 3 | 能够提供趸交、期交或不定期缴费等方式满足个人养老金制度参加人缴费要求 | 4 | 银保监会规定的其他要求 |

图8-5　监管部门对个人养老金保险产品的规定

📖 **拓展阅读**

保险公司开展个人养老金业务有关事项的相关规定

根据《中国银保监会关于保险公司开展个人养老金业务有关事项的通知》（银保监规〔2022〕17号）第二款规定，符合以下条件的保险公司可以开展个人养老金业务：

（1）上年度末所有者权益不低于50亿元且不低于公司股本（实收资本）的75%。

（2）上年度末综合偿付能力充足率不低于150%、核心偿付能力充足率不低于75%。

（3）上年度末责任准备金覆盖率不低于100%。

（4）最近4个季度风险综合评级不低于B类。

（5）最近3年未受到金融监管机构重大行政处罚。

（6）具备完善的信息管理系统，与银行保险行业个人养老金信息平台实现系统连接，并按相关要求进行信息登记和交互。

（7）银保监会规定的其他条件。

养老主业突出、业务发展规范、内部管理机制健全的养老保险公司，可以豁免第一款关于上年度末所有者权益不低于50亿元的规定。

143 商业保险产品的购买渠道有哪些？

（1）通过保险销售人员购买。销售人员通过与购买者面对面介绍保险产品的方式，进行养老规划。保险销售人员需要经保险公司或保险经纪公司、保险代理公司授权，代表保险机构销售保险产品。在保险销售过程中，保险销售人员需要出示从业人员执业证书。购买者可以请保险销售人员为自己提供专业建议，并针对自身实际情况，设计灵活、全面的保险计划。

（2）通过银行渠道购买。很多保险公司通过银行等兼业代理机构销售保险产品，兼业代理机构可以代理一家或多家保险公司的产品。

（3）通过保险公司或保险经纪公司的互联网平台、官方微信公众号等线上渠道购买。

144 购买用于养老保障的商业保险需要重点关注什么？

消费者在了解商业养老保险产品时，要着重对商业养老保险产品责任、领取年限、退保规则、免责条款、交费方式与期限、保值增值情况等进行关注，具体来说有以下几点：

保险责任，即保险公司给付保险金责任的项目。以年金类产品为例，何时可以领取保险金、每次领取多少等都属于保险金责任的项目。

领取年限，养老年金保险显著特点之一就是为被保险人提供了与生命等长的现金流，给消费者极强的安全感，但消费者需关注是否设置保证领取年限。

退保规则，即提前解除合同的手续和成本。

免责条款，保险公司一般采用格式条款，在合同文本中会采用足以引起投保人注意的文字、符号、字体等特别标识标出，以区别于其他条款内容。

交费方式，商业养老保险的交费方式通常有一次性交清（趸交）和分期支付（期交）两种方式，其中，期交的商业养老保险产品因具有约束消费者强制储蓄的功能而更受消费者欢迎。

收益水平，不同的传统型养老年金保险产品在相同交费条件下，需同时关注每期领取金额与保证领取年限，保证领取金总额更高的相对更优。对于万能型、分红型、投资连结型以及专属商业养老保险等新型保险产品，还要关注保单账户价值、是否有保证利率等要素，历史结算利率仅作为参考。此外，进入保单账户的资金，是否有初始费用等情况也需关注。

145 若保险公司依法撤销或者被依法宣告破产，其持有的人寿保单权益有保障吗？

有保障。我国《保险法》规定，经营人寿保险业务的保险公司不允许倒闭，即使经营不善依法撤销或依法宣告破产的也会安排其他保险公司接手保险保单，不影响投保人和被保险人的各项权益。另外，《保险法》还规定了保险公司必须缴纳保险保障基金，用于保险公司被撤销或者被宣告破产时，向投保人、被保险人或者受益人提供救济。保险保障基金统一由中国保险保障基金公司管理，主要是投保人购买商业保险时的保费，按规定的比例缴纳的风险保障基金。

📖 拓展阅读

《保险法》相关规定

第八十九条 保险公司因分立、合并需要解散，或者股东会、股东大会决议解散，或者公司章程规定的解散事由出现，经国务院保险监督管理机构批准后解散。

经营有人寿保险业务的保险公司，除因分立、合并或者被依法撤销外，不得解散。

保险公司解散，应当依法成立清算组进行清算。

第九十二条 经营有人寿保险业务的保险公司被依法撤销或者被依法宣告破产的，其持有的人寿保险合同及责任准备金，必须转让给其他经营有人寿保险业务的保险公司；不能同其他保险公司达成转让协议的，由国务院保险监督管理机构指定经营有人寿保险业务的保险公司接受转让。

转让或者由国务院保险监督管理机构指定接受转让前款规定的人寿保险合同及责任准备金的，应当维护被保险人、受益人的合法权益。

第一百条 保险公司应当缴纳保险保障基金。保险保障基金应当集中管理，并在下列情形下统筹使用：

（一）在保险公司被撤销或者被宣告破产时，向投保人、被保险人或者受益人提供救济；

（二）在保险公司被撤销或者被宣告破产时，向依法接受其人寿保险合同的保险公司提供救济；

（三）国务院规定的其他情形。

保险保障基金筹集、管理和使用的具体办法，由国务院制定。

146 人寿保险合同可以解除吗？

可以解除。保险合同中均有犹豫期条款，即合同生效后，享有一般15日的犹豫期，如果认为合同不符合需求，可在该犹豫期内提出解除合同，保险公司将扣除不超过10元的工本费后，无息退还已交的保险费。犹豫期过后，解除合同即退保，会遭受一定损失。解除时，可得到保单的现金价值。保险条款中会列明解除合同规则。

拓展阅读

保单的现金价值——以某专属商业养老保险产品为例

被保险人在开始领取养老年金之前退保，保单的现金价值有3种情况：

前5个保单年度退保，按比例退还已交保费，具体比例分别为95%、97%、99%、100%、100%；

第6～10个保单年度退保，退还已交保费和75%账户累计收益；

第11个保单年度及以后退保，退还已交保费和90%账户累计收益。

该产品保单现金价值自被保险人开始领取养老年金后为零。

第九章　商业养老金

147　什么是商业养老金？

商业养老金是由养老保险公司经营，通过双账户模式为个人提供集养老规划、账户管理、资金管理和风险管理等服务于一体的创新型养老金融业务，是第三支柱养老保险的重要组成部分。

148　商业养老金的主要特点是什么？

商业养老金采用全新运作模式，具有风险保障、生命周期管理、灵活支取和养老储备等特点。投资属性上，兼顾安全和收益，独创期限保本型产品，实现长期养老金管理目标。结构设计上，采用"双账户"模式，发行不同期限、风险特征和流动性的产品。管理模式上，长、中、短期相结合，锁定账户最低交费比例随年龄增长逐步增加，持续账户可以灵活支取，产品实现最短7+1日领取。服务模式上，提供养老规划服务，贯穿从交费到领取的全生命周期，实现投资者养老意识教育和培养。

149　商业养老金的试点地区有哪些？

2022年12月1日，《中国银保监会办公厅关于开展养老保险公司商业养老金业务试点的通知》（银保监办发〔2022〕108号）发布，规定自2023年1月1日起，在北京市、上海市、江苏省、浙江省、福建省、山东省、河南省、广东省、四川省、陕西省等10个省（直辖市）开展商业养老金试点，试点期限暂定一年。

150 商业养老金与个人养老金有什么区别？

2022年4月25日，国务院政策例行吹风会介绍了个人养老金与商业养老金的关系，"个人养老金是国家关于第三支柱的制度性安排，第三支柱除了个人养老金之外，还有其他个人商业养老金融业务"。商业养老金是定位于面向广大人民群众的普惠性、创新性个人商业养老金融业务，是第三支柱养老保险的组成部分，对个人养老金制度发展具有支持和补充的作用和意义，两者的具体区别见表9-1。

表9-1　商业养老金与个人养老金的区别

类别	运作机制	参加条件	税收优惠
个人养老金	政府政策支持、个人自愿参加、市场化运营，实现养老保险补充功能的养老保险制度	在中国境内参加城镇职工基本养老保险或者城乡居民基本养老保险的劳动者	国家鼓励符合条件的人员参加个人养老金制度，并给予一定的个人所得税税收优惠
商业养老金	个人自愿参与，市场化、法治化运作的养老金融业务，由养老保险公司提供包括养老规划、账户管理、产品购买、长期领取等一站式服务	年满18周岁的个人可与养老保险公司签订商业养老金业务合同，通过商业养老金账户长期积累养老金	个人参与商业养老金业务，暂不享受相关个人所得税税收优惠政策

类别	缴费上限	投资产品	领取条件
个人养老金	每年的缴费上限是12000元，达到法定退休年龄后不可缴费	个人养老金资金账户可用于购买符合规定的银行理财、储蓄存款、商业养老保险、公募基金等金融产品	个人养老金资金账户封闭运行，参加人达到法定退休年龄后，可以按月、分次或者一次性领取个人养老金，在丧失劳动能力、出国定居或国家规定的其他情形下可以提前支取
商业养老金	每笔交费最低100元，达到法定退休年龄后仍可交费	商业养老金可购买养老保险公司提供的商业养老金产品	商业养老金持续账户的资金（较大比例）可以根据产品规则灵活选择赎回，锁定账户资金需满60岁后方可领取，如提出解约将扣除锁定账户累计收益的一定比例，如遇身故、意外伤残、重大疾病等情形，可免除解约费用，全额取出双账户内全部资金

151 商业养老金适合哪些人？

商业养老金作为第三支柱的重要组成部分，与个人养老金有较好的互补性，以下三类人群适合购买商业养老金：

具有较强养老意识及养老储备需求的人群。目前，此类人群一般会配置个人养老金，但因个人养老金每年设置缴纳上限，所以其积累程度有限，对于大部分人来讲，养老储备尚有一定缺口。因此可以在用足个人养老金政策红利的基础上，根据个人实际需求，补充一定规模的商业养老金，提高养老储备水平。

灵活就业人群。如网约车司机、外卖骑手等职业，若未参加城镇职工基本养老保险或城乡居民基本养老保险，则享受不到基本养老待遇，也不具备参与个人养老金制度的资格。针对这部分人群，建议通过配置商业养老金来为养老生活提供保障。

退休及临近退休人群。此类人群虽然已达到或接近领取养老金阶段，但同样需要考虑个人资产的保值增值。由于个人达到退休年龄后无法购买个人养老金产品，但是购买商业养老金产品则不受是否退休的限制。

152 商业养老金产品有哪些类型？

为满足大众不同养老需求，商业养老金提供多种资产配置、持有期限、风险类型不同的养老金融产品。按照管理方式和发行目的不同，商业养老金产品分为流动性管理类、固定收益类、权益类和混合类产品。其中，混合类产品有两种特殊类型的商业养老金产品，分别是目标日期产品和期限保本型产品。不同类型的商业养老金产品对应的风险等级示例见图9-1。

图9-1 不同类型的商业养老金产品对应的风险等级示例

注 目标日期产品的风险等级随目标日期的临近逐渐降低，最低降至中低风险等级。

流动性管理类产品：一般为低风险等级产品，类似于货币基金，主要投资于优质流动性资产、剩余期限在397天（含）以内的固定收益类资产，具有波动低、期限短、收益稳健等特点。

固定收益类产品：一般为中低风险等级产品，80%以上投资高信用等级固定收益类资产，追求长期稳健收益。

权益类产品：一般为高风险等级产品，与公募股票型基金类似，投资于股票等权益类资产的比例不低于80%，收益弹性和波动较大，适用于较高风险偏好、能够承受暂时性投资亏损的长期投资人群。

混合类产品：投资范围广泛，可投资货币类、固收类、权益类和非标准化债权等金融资产，各类资产投资比例灵活，凡不符合前三类产品投资要求的，都属于混合类产品。若投资者希望参与多元资产配置，平衡风险与回报，混合类产品是最合适的选择。

目标日期产品：类似公募基金公司发行的养老目标日期基金，设定投资目标日期，融合生命周期理念来制定科学的投资策略，随着目标日期的临近，逐步下调股票等权益类资产比例，产品的风险等级也逐渐降低。

期限保本型产品：商业养老金中唯一的保本产品，是在锁定账户内发行的，具有低风险特征的混合类商业养老金产品。产品设置一个保本核算周期，在保本核算周期期满日补充亏损的本金；如果没有亏损，则连本带息作为下一个保本核算周期的本金继续实现滚动保本。

153 商业养老金的双账户是什么意思？

与其他养老金融产品有所不同，商业养老金为双账户管理模式，即锁定账户和持续账户（见图9-2）。通过两类不同功能的账户，既可以引导购买者建立理性养老储备及长期投资的理念，又兼顾医疗、意外等突发的流动性需求，从而最终实现覆盖至终身且不失灵活性的养老金储备。

不同年龄段的个人，其每笔交费分配至锁定账户的最低比例不同，在满足最低比例政策要求的基础上，可以自愿提高锁定账户分配比例。例如：年满40周岁个人锁定账户最低分配比例为20%，即每交费100元，最低20元进入锁定账户，其余80元都可在持续账户中进行投资。年满60周岁，锁定账户解除锁定，个人可自行分配锁定账户和持续账户间的分配比例。具体要求见表9-2。

锁定账户	持续账户
● 管理长期养老资金，以长周期为管理目标，运用综合策略帮助客户稳健积累养老资金	● 管理持续积累养老金且能支持临时资金支出
● 账户设置锁定期，锁定至客户**年满60周岁**	● 账户无锁定期限，账户内产品资金到期后可赎回

| 定位"养老保险箱"
锁定资金长期投资
引导建立长期养老投资理念 | 定位"养老零钱包"
满足居民医疗、意外等突发流动性诉求
打消长期锁定顾虑 |

图9-2　商业养老金双账户模式

表9-2　试点阶段不同年龄段对应锁定账户的最低分配比例

年龄区间	锁定账户最低分配比例
18~30周岁（不含，下同）	5%
30~40周岁	10%
40~50周岁	20%
50~60周岁	40%
60周岁以上	不限

154 商业养老金产品有何购买条件？

　　试点期间，年满18周岁且身份证户籍地址属于试点地区的个人，都可以与养老保险公司签订商业养老金管理合同，开立商业养老金账户，购买商业养老金产品。

155 商业养老金产品是否有购买限额?

商业养老金每笔交费起购金额为100元,没有购买上限和交纳次数限制。

156 商业养老金产品的最短持有期限是多久?

商业养老金各账户内产品的持有期限有所区别。对于不满60周岁的个人,锁定账户中产品每日均可购买(设有封闭运作期的产品除外),之后可根据需要申请自动续期或转换为其他产品继续持有。持续账户中部分产品设置持有周期(如30天、1年、3年等),持有期间不可领取,个人可以在持有到期日前预约领取。对于年满60周岁的个人,则不受账户锁定限制,购买任何产品均可以根据产品规则交费和领取。

> ★ **案例**
>
> 某公司商业养老金锁定账户和持续账户中不同产品的最短持有期限见图9-3。

锁定账户

- 目标日期产品(A):60岁后随时可领
- 固收产品(A):60岁后随时可领
- 流动性产品(A):60岁后随时可领

持续账户

- 目标日期产品(B):每365天可领
- 固收产品(B):每30天可领
- 流动性产品(B):随时可领

图9-3 某公司商业养老金锁定账户和持续账户中不同产品的最短持有期限

157 如何领取商业养老金？

商业养老金的持续账户中，产品的每笔交费在持有周期到期日可领取至银行卡。锁定账户中，个人年满60周岁后，可以申请灵活或分期领取两种方式：灵活领取可以领取持有产品的任意份额；分期领取包括定期分期和定额分期，可以设定领取期数或领取金额，领完为止。

158 商业养老金产品可以提前领取吗？

为满足购买者临时资金需求，商业养老金产品是可以提前领取的。若购买者已年满60周岁，可随时发起领取。若购买者未满60周岁，但有支取商业养老金资金的需求，对持续账户中的产品，可在产品到期后直接领取，支持提前预约到期领取；对锁定账户中的产品，可通过申请合同解约，将持有的所有商业养老金资金一次性领取。解约时，以锁定账户累计投资收益为基础收取一定比例解约费，并根据商业养老金管理年限的不同，分档设置解约费率，见表9-3。

表9-3　试点期间商业养老金解约费计算一览表

商业养老金管理服务年限	解约费
不满5年	锁定账户累计收益的20%
满5年且不满10年	锁定账户累计收益的10%
满10年	锁定账户累计收益的1%
客户年满60周岁	不收取锁定账户解约费

159 不同商业养老金产品之间可以互相转换吗?

可以在同一养老保险公司发行的商业养老金产品之间互相转换。在锁定账户内,购买者可根据实际投资需要,申请将持有的商业养老金产品转换为其他类型产品。在持续账户内,则需在所持有商业养老金产品到期并完成领取后,选择购买其他类型产品。如开通转换功能,也可以将持续账户内产品权益转入锁定账户。

160 商业养老金可以保本吗?

商业养老金中的期限保本型产品,可以实现保本。期限保本型产品具备期满保本、滚动保本、按笔保本的特点。在保本核算周期(1~5年)期满时可实现投资本金安全,适合保守型购买者。期限保本产品投资策略稳健,股票投资比例不超过40%。养老保险公司建立相应风险控制制度,并通过计提风险责任准备金等方式形成多层次本金保障机制,见图9-4。

图9-4 期限保本产品的保本机制

保本核算周期满，若产品权益低于购买本金，养老保险公司将补足本金亏损，实现产品保本。若产品权益高于购买本金，则无须补偿。需要特别注意的是，期限保本产品只在产品保本期满时确保本金不亏损，如持有过程中发生领取，则可能发生亏损。

161 商业养老金可以提供怎样的养老规划服务？

商业养老金可为个人提供特色养老规划服务。根据个人特征，通过科学的养老收支测算模型（见图9-5～图9-8），协助个人充分全面了解自身养老目标和风险偏好，为个人做出长周期资金管理决策参考，具体服务内容包括提供退休收支测算、养老金缴费安排、养老金资产配置建议、产品选配和领取方案建议等。

图9-5　养老收支缺口

图9-6　幸福养老潜力

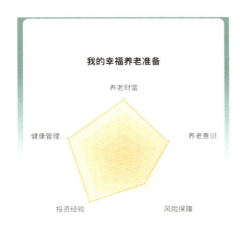

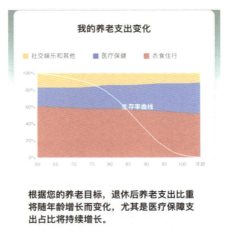

图9-7　幸福养老准备　　　图9-8　养老支出变化

162 购买商业养老金产品收取哪些费用？

商业养老金产品费用主要包括账户管理费、产品管理费和托管费。账户管理费基于账户内所有产品资产价值逐日计提；产品管理费基于产品资产价值逐日计提；托管费基于产品资产价值逐日计提，按期支付给托管银行。除此之外，如涉及提前解约，还将基于锁定账户累计收益一次性收取解约费。商业养老金管理费收取模式均为产品内扣费，费用收取直接体现在产品净值中，即商业养老金收益是扣除各项费用后的净收益。

某公司商业养老金产品费率见表9-4。

表9-4　某公司商业养老金产品费率

产品名称	账户管理费率	产品管理费率	
		锁定账户（A款）	持续账户（B款）
×××目标日期2030	0.20%/年	0.50%/年	0.60%/年
×××目标日期2040		0.60%/年	0.70%/年
×××目标日期2050		0.70%/年	0.80%/年
××悦享		0.30%/年	0.30%/年
××优享		0.20%/年	

163 商业养老金产品的购买渠道有哪些？

　　四家试点养老保险公司（中国人寿养老保险股份有限公司、中国人民养老保险有限责任公司、太平养老保险股份有限公司、国民养老保险股份有限公司）均已正式开售商业养老金产品，可通过关注各试点机构微信公众号，进入对应的商业养老金专区注册、购买和查看账户信息。为进一步提高商业养老金的覆盖率，四家试点机构均已上线商业银行代理销售，部分机构已上线互联网平台。目前，在各购买渠道均可体验商业养老金开户、购买及权益查询等一站式服务。

第十章　养老信托

164 什么是信托？

　　信托是指委托人基于对受托人的信任，将其财产权委托给受托人，由受托人按照委托人的意愿以自己的名义，为受益人的利益或者特定目的，进行管理或者处分的行为。委托人、受托人与受益人的信托关系见图10-1。

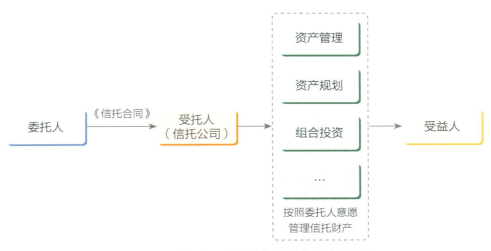

图10-1　委托人、受托人与受益人的信托关系

小贴士

委托人是指发起设立信托的人，是将财产权委托给信托公司的人，也是信托的消费者（购买者）。委托人可以是具有完全民事行为能力的自然人、法人或者依法成立的其他组织。

受托人是指接受委托帮助委托人运营管理信托财产且具有完全民事行为能力的自然人或法人，一般由信托公司担任。

受益人是指在信托中享有信托受益权的人，一般是指根据信托合同约定有权获得信托收益的自然人、法人或者依法成立的其他组织。

信托财产是指受托人因承诺信托而取得的财产。受托人因信托财产的管理运用、处分或者其他情形而取得的财产，也归入信托财产。法律、行政法规禁止流通的财产，不得作为信托财产。法律、行政法规限制流通的财产，依法经有关主管部门批准后，可以作为信托财产。

165 什么是养老信托？

养老信托是信托公司以信托的基本要素为前提，接受委托人委托，将信托财产按委托人意愿，以自己的名义，为受益人提供个人养老、养老服务或养老相关产业开发等受托服务的行为或安排。养老信托以信托为载体，通过充分发挥信托账户资产隔离、信托平台资源整合以及信托服务综合性、全生命周期等制度优势，为特定老年人或其利益相关人提供养老服务、投资理财服务等功能。

　　60岁的张先生从企业管理岗退休，开始筹划退休养老生活。某信托公司为张先生设计了一个养老信托方案：通过全权委托的资产管理方式，委托信托公司构建安全稳健的资产配置方案，满足张先生养老资金的保值增值需求。针对张先生儿女都在国外的情况，将一部分资产配置为保单，提前锁定某优质养老社区的入住权。借助信托的定向分配、个性化传承功能，实现年度养老社区费用自动结算；还能按照个人意愿将信托财产分配给子女，实现遗嘱替代功能。

166 养老信托有哪些类型？

　　结合信托的功能和信托公司已有实践，信托公司参与养老领域的方式以养老金信托、养老理财信托、养老服务信托、养老产业投融资信托及养老慈善信托等为主。与个人投资者有关的，有养老理财信托和养老服务信托。

167 什么是养老理财信托？

　　养老理财信托是指个人委托人为退休后获得养老生活保障，将资金一次或多次交付信托公司，信托公司作为受托人对该资金进行投资管理，实现财产保值增值，满足受益人的养老资金需求。信托公司主要为老年人提供多种类、多策略的稳健投资理财产品。

168 什么是养老服务信托？

养老服务信托是信托公司整合养老服务机构、医疗、教育等多方资源，为受益人提供的兼具金融投资和养老服务双重属性的金融服务。通过养老服务机构的遴选、养老服务批量采购、养老服务平台搭建，养老人群可获得养老服务的优惠购买权、养老机构的优先入住权等权益。通过养老服务信托，受益人能够获得相对全面的养老服务和消费体验，享受信托产品附带的多种功能。养老服务信托结构见图10-2。

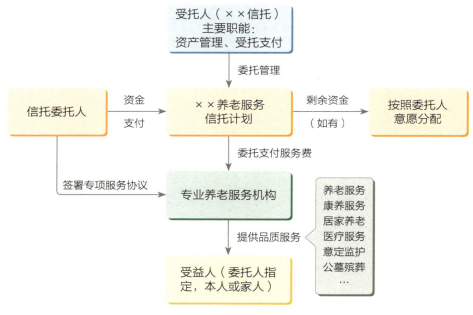

图10-2　养老服务信托结构

169 养老信托有哪些特点？

信托账户资产隔离。信托财产的独立性使养老资产与个人资产相分离，这笔信托账户里的钱只为委托人养老所用，可以避免未来的债务风险（还债不会动这部分财产）、婚姻风险（委托人或者受益人有婚姻纠纷时这部分财产不需要分割）、子女啃老的风险（信托财产首先用于养老，然后才可以用于其他分配）。

信托服务的长期性和连续管理。养老信托不仅可以存续于受益人（老年人）的整个晚年时期（也可从中年延续至老年），而且能够存续于指定的下一代。因此，养老信托表现出长期性特征，即延续至受益人整个生命周期。

信托服务的综合性、全面性。相比于银行理财、保险等金融产品，养老信托不仅可以满足老年人基本的养老财富增值、养老社区入住、康养机构养老等单一养老服务，还可通过定制化服务提供财产保护、财富增值、高端医疗、子女教育、殡葬服务等全方位、综合性服务。养老信托账户里若有其他闲置资金，还可以进行其他投资。

170 如何运用养老信托账户中的闲置资金？

如果养老信托专户中，除满足委托人养老需求的资金以外还有剩余闲置资金，可以将这部分资金投资于银行存款、货币市场基金、国债、中央银行票据、政策性金融债或受托人发行的信托产品。

171 养老信托收取哪些费用？

开展养老信托业务的信托公司对于该业务收费标准或有不同。以某信托公司为例，在养老信托财产承担的费用层面，大致分为三部分：信托公司收取的信托管理费，年费率在0.5%左右；保管银行收取的保管费，年费率在0.01%左右；养老服务供应商收取的服务费（如有），按市场报价收费。

172 养老信托的存续期是多久？

养老信托可以根据委托人需求灵活设置存续期，期限可以从短则几年到长达几十年，甚至永续。

173 养老信托的起投金额是多少？

根据起投金额不同，养老信托可以分为普惠型和高端型。普惠型养老信托大部分起投金额为100万元，高端型养老信托起投金额为1000万元。

174 养老信托适合哪些人？

适合已经完成一定财富积累、对自己或对父母未来养老有规划的投资者，希望养老财产专款专用并可以保值增值或通过专业机构享受一站式养老配套服务。关于养老信托的投资者年龄要求并未有统一规定，有的信托公司要求投资者30岁以上；也有的信托公司未作出明确规定。

175 养老服务信托可以享受哪些养老服务？

养老服务信托合作的养老服务机构有养老院、护理院、居家养老站点、持续性养老社区、康养医院、长者公寓等。

176 养老信托的购买渠道有哪些？

购买养老信托通常有两种渠道：一是通过信托公司直接购买。多数信托公司会建立财富中心或者销售中心等营业网点直销，可以直接拨打信托公司官网上的联系电话，或在该信托公司的App上进行产品选择，也可以找到最近的信托公司网点进行咨询和购买。由于信托公司很多直销点只设立于大城市，所以先打电话进行咨询或在App上选择比较合适。二是通过代销机构购买，如商业银行、保险公司、证券公司、基金管理公司以及第三方机构等，可以拨打相应机构的客服电话进行咨询。

177 信托生效期间，若信托公司被依法撤销或被宣告破产，信托财产会受到影响吗？

信托财产具有独立性，信托一旦成立，信托财产就从委托人的财产中分离出来，且不得归入受托人的固有财产中，同时在信托结束前不会成为受益人的财产，是一种独立的财产整体。

根据《信托法》，如果信托公司被依法撤销或被宣告破产，信托财产不会参与破产清算，但会影响到信托关系的存续。此时，如果委托人在世，可以另行选择信托公司，以便保持信托的独立性和稳定性；如果委托人离世，则按照原本信托合同的约定进行处理。

同时，信托公司管理运用、处分信托财产时所产生的债权，也不得与信托公司的债务相抵销；并且信托公司管理运用、处分不同委托人的信托财产所产生的债权债务，也不得相互抵销。因此，委托人的信托财产具有充分的安全保障，不会因为信托公司破产等因素而遭受损失。

拓展阅读

《信托法》相关规定

第十六条 信托财产与属于受托人所有的财产（以下简称固有财产）相区别，不得归入受托人的固有财产或者成为固有财产的一部分。

受托人死亡或者依法解散、被依法撤销、被宣告破产而终止，信托财产不属于其遗产或者清算财产。

第二十九条 受托人必须将信托财产与其固有财产分别管理、分别记账，并将不同委托人的信托财产分别管理、分别记账。

第三十九条 受托人有下列情形之一的，其职责终止：

（一）死亡或者被依法宣告死亡；

（二）被依法宣告为无民事行为能力人或者限制民事行为能力人；

（三）被依法撤销或者被宣告破产；

（四）依法解散或者法定资格丧失；

（五）辞任或者被解任；

（六）法律、行政法规规定的其他情形。

受托人职责终止时，其继承人或者遗产管理人、监护人、清算人应当妥善保管信托财产，协助新受托人接管信托事务。

养老服务篇

本篇解答了关于居家养老、社区养老、机构养老等常见养老模式的概念、特点、收费方式等方面问题，同时介绍了旅居养老、智慧养老、以房养老等创新型养老服务。阅读本篇内容，有助于拓宽养老视野，丰富退休养老服务选择，进一步满足多元化养老需求。

第十一章　养老模式

178　什么是国家基本养老服务？

　　根据2023年5月中共中央办公厅、国务院办公厅印发的《关于推进基本养老服务体系建设的意见》，国家基本养老服务是指由国家直接提供或者通过一定方式支持相关主体向老年人提供的，旨在实现老有所养、老有所依必需的基础性、普惠性、兜底性服务。另外，还有非基本养老服务，主要由市场提供。

　　《关于推进基本养老服务体系建设的意见》中明确国家基本养老服务包含16个服务项目，分为三大类：物质帮助、照护服务、关爱服务（见图11-1）。

- 职工基本养老保险
- 城乡居民基本养老保险
- 高龄老年人津贴
- 养老服务补贴
- 护理补贴
- 最低社会保障
- 社会救助
- 困难残疾人生活补贴和重度残疾人护理补贴

物质帮助

照护服务

关爱服务

基本养老服务项目

- 老年人能力综合评估
- 家庭适老化改造
- 家庭养老支持服务
- 优先享受机构养老
- 集中供养（特困老年人、特殊贡献老年人）
- 分散供养
- 面向独居、空巢、留守、失能等特殊困难老年人提供探访关爱服务

图11-1　国家基本养老服务的服务项目

179 国家基本养老服务对象包括哪些?

根据《关于推进基本养老服务体系建设的意见》，国家基本养老服务的对象有12类，见图11-2。

1. 达到待遇享受年龄的老年人
2. 65周岁及以上老年人
3. 80周岁及以上老年人
4. 经济困难的老年人
5. 经认定生活不能自理的老年人
6. 纳入最低生活保障范围的老年人
7. 特困老年人
8. 特殊困难老年人
9. 对国家和社会作出特殊贡献的老年人
10. 计划生育特殊家庭老年人
11. 经认定符合条件的残疾老年人
12. 生活无着的流浪、乞讨老年人

基本养老服务对象

图11-2 基本养老服务对象

180 我国有哪些主要的养老模式?

我国养老服务体系建设总体思路经历了从"十二五"时期以"居家为基础、社区为依托、机构为支撑"到"十三五"时期以"居家为基础、社区为依托、机构为补充"的转变。"十四五"规划纲要进一步完善并提出了"推动养老事业和养老产业协同发展，健全基本养老服务体系，大力发展普惠型养老服务，支持家庭承担养老功能，构建居家社区机构相协调、医养康养相结合"的养老服务体系。

我国当前呈现出"9073"养老态势,即约90%的老年人居家养老(在家以自助或家庭成员照顾为主,自主选择各类社会服务资源),约7%的老年人可得到政府福利政策支持的社区养老服务,约3%的老年人接受机构养老服务(见图11-3)。

图11-3 三种主要的养老方式

181 什么是居家养老?

2008年,多部门联合发布《关于全面推进居家养老服务工作的意见》,这是首次以"居家养老"为主题发布的政策性文件,鼓励将家庭作为老年人照料的主要场所。该文件指出,居家养老服务是指政府和社会力量依托社区,为居家的老年人提供生活照料、家政服务、康复护理和精神慰藉等方面服务的一种服务形式,是对传统家庭养老模式的补充与更新,是我国发展社区服务、建立养老服务体系的一项重要内容。居家养老通常适合自理能力较强的老年群体,是我国最广泛的养老方式。

居家养老的优点是:老年人在熟悉的家庭环境中生活,能够保持独立性和自主性;与家人保持密切的联系,增进家庭关系;相对经济实惠。缺点是:需承担一定的家务和自我照顾,对身体和精神上的要求比较高;出现失能老人,需要家人照料,面临"一人失能、全家失衡"的窘迫;家庭成员的照顾和护理水平不足以满足需求。

182 什么是居家养老照护服务？

居家养老照护服务是指家庭成员或雇佣人员对居家老年人进行生活照料、康复护理等服务的活动，以及养老服务机构或其他社会主体（企业、社会组织等）向居家老年人提供的上门服务活动，如助餐、助行、助急、助浴、助洁、助医、日常照料等，不包括社区上门服务。

183 什么是居家适老化改造？

适老化改造是指通过适当的改造和服务，让老年人在自己的社区或家庭中，以独立、安全和舒适的方式生活。适老化旨在提供更多适合老年人的住房、医疗保健、社交和文化活动等服务，以满足老年人的需求，提高他们的生活质量。

2020年7月，民政部等9部委联合印发《关于加快实施老年人居家适老化改造工程的指导意见》（民发〔2020〕86号），提出居家适老化改造项目和老年用品配置推荐清单，明确7项基础类项目和23项可选类项目，见表11-1。

表11-1　老年人居家适老化改造项目和老年用品配置推荐清单

序号	类别	项目名称	具体内容	项目类型
1	地面改造	防滑处理	在卫生间、厨房、卧室等区域，铺设防滑砖或者防滑地胶，避免老年人滑倒，提高安全性	基础
2		高差处理	铺设水泥坡道或者加设橡胶等材质的可移动式坡道，保证路面平滑、无高差障碍，方便轮椅进出	基础
3		平整硬化	对地面进行平整硬化，方便轮椅通过，降低风险	可选

序号	类别	项目名称	具体内容	项目类型
4	地面改造	安装扶手	在高差变化处安装扶手，辅助老年人通过	可选
5	门改造	门槛移除	移除门槛，保证老年人进门无障碍，方便轮椅进出	可选
6		平开门改为推拉门	方便开启，增加通行宽度和辅助操作空间	可选
7		房门拓宽	对卫生间、厨房等空间较窄的门洞进行拓宽，改善通过性，方便轮椅进出	可选
8		下压式门把手改造	可用单手手掌或者手指轻松操作，增加摩擦力和稳定性，方便老年人开门	可选
9		安装闪光振动门铃	供听力视力障碍老年人使用	可选
10	卧室改造	配置护理床	帮助失能老年人完成起身、侧翻、上下床、吃饭等动作，辅助喂食、处理排泄物等	可选
11		安装床边护栏（抓杆）	辅助老年人起身、上下床，防止翻身滚下床，保证老年人睡眠和活动安全	基础
12		配置防压疮垫	避免长期乘坐轮椅或卧床的老年人发生严重压疮，包括防压疮坐垫、靠垫或床垫等	可选
13	如厕洗浴设备改造	安装扶手	在如厕区或者洗浴区安装扶手，辅助老年人起身、站立、转身和坐下，包括一字形扶手、U形扶手、L形扶手、135°扶手、T形扶手或者助力扶手等	基础
14		蹲便器改坐便器	减轻蹲姿造成的腿部压力，避免老年人如厕时摔倒，方便乘轮椅老年人使用	可选
15		水龙头改造	采用拨杆式或感应水龙头，方便老年人开关水阀	可选

序号	类别	项目名称	具体内容	项目类型
16	如厕洗浴设备改造	浴缸、淋浴房改造	拆除浴缸、淋浴房，更换浴帘、浴杆，增加淋浴空间，方便照护人员辅助老年人洗浴	可选
17		配置淋浴椅	辅助老年人洗澡用，避免老年人滑倒，提高安全性	基础
18	厨房设备改造	台面改造	降低操作台、灶台、洗菜池高度或者在其下方留出容膝空间，方便乘轮椅或者体型矮小老年人操作	可选
19		加设中部柜	在吊柜下方设置开敞式中部柜、中部架，方便老年人取放物品	可选
20	物理环境改造	安装自动感应灯具	安装感应便携灯，避免直射光源、强刺激性光源，人走灯灭，辅助老年人起夜使用	可选
21		电源插座及开关改造	视情况进行高/低位改造，避免老年人下蹲或弯腰，方便老年人插拔电源和使用开关	可选
22		安装防撞护角或防撞条、提示标识	在家具尖角或墙角安装防撞护角或者防撞条，避免老年人磕碰划伤，必要时粘贴防滑条、警示条等符合相关标准和老年人认知特点的提示标识	可选
23		适老家具配置	比如换鞋凳、适老椅、电动升降晾衣架等	可选
24	老年用品配置	手杖	辅助老年人平稳站立和行走，包含三脚或四脚手杖、凳拐等	基础
25		轮椅、助行器	辅助家人、照护人员推行、帮助老年人站立行走，扩大老年人活动空间	可选
26		放大装置	运用光学、电子原理进行影像放大，方便老年人使用	可选
27		助听器	帮助老年人听清声音来源，增加与周围的交流，包括盒式助听器、耳内助听器、耳背助听器、骨导助听器等	可选

序号	类别	项目名称	具体内容	项目类型
28	老年用品配置	自助进食器具	辅助老年人进食，包括防洒碗（盘）、助食筷、弯柄勺（叉）、饮水杯（壶）等	可选
29		防走失装置	用于监测失智老年人或其他精神障碍老年人定位，避免老年人走失，包括防走失手环、防走失胸卡等	基础
30		安全监控装置	佩戴于人体或安装在居家环境中，用于监测老年人动作或者居室环境，发生险情时及时报警。包括红外探测器，紧急呼叫器，烟雾、煤气泄漏、溢水报警器等	可选

184 什么是社区养老？

社区养老是以家庭为核心，依托社区为老年人提供生活照料、家政服务、康复护理和精神慰藉等多方面服务的一种养老形式。

社区养老的优点是：老年人可以就近在社区养老护理服务中心享受服务；与其他老年人建立社交网络，增加社交机会；可以提供健康保健服务，如健康咨询、健身锻炼。缺点是：以日间照料为主，需要聘用护理人员，目前供不应求；子女特定时期也要陪护，非常考验子女的配合度和意愿；需要具备一定的条件和环境，不适合所有老年人。

185 什么是社区养老照护服务？

社区养老照护服务是指养老服务机构依托社区养老服务设施向社区老年人提供的日托、全托等服务，主要包括三类服务：一是社区养老服务机构、社区嵌入式的养老服务设施和带护理型床位的社区日间照料中心等机构提供的照护服务；二是依托社区综合服务设施和社区公共服务综合信息平台、呼叫服务系统和应急救援服务机制为老年人提供的全托、月托、上门等为主的精准化专业化生活照料、助餐助行、助浴助洁、助医、紧急救援、精神慰藉等照护服务；三是社区邻里互助、助老食堂、助老餐桌、老年社区（全周期养老综合体）提供的社区养老照护服务。

186 什么是机构养老？

机构养老是指由养老机构为入住老年人提供饮食起居、清洁卫生、生活护理、健康管理、安宁疗护、文体娱乐活动和委托服务等综合性服务的养老模式。机构养老按照类型可以分为福利院、敬老院、养老院、商业型养老社区等；按照属性可以分为公办养老机构、非公办养老机构和央国企参与的养老机构等。

机构养老的优点是：可以享受更全面和专业的服务，如医疗、护理、健康管理等；可以与其他老年人建立社交网络，增加社交机会；可以获得更安全和便捷的生活环境，避免意外伤害等问题。缺点是：部分养老机构需要花费较高的费用，对财务状况不好的老年人来说比较困难；缺乏家庭的温暖和陪伴，老年人可能会感到孤独和失落；部分老年机构床位不足，许多家庭面临较长时间的等待。

📖 拓展阅读

各类养老机构和设施的数量

根据民政部、全国老龄办发布的《2022年度国家老龄事业发展公报》，截至2022年年末，全国共有各类养老机构和设施38.7万个，养老床位合计829.4万张。其中，注册登记的养老机构4.1万个，床位518.3万张；社区养老服务机构和设施34.7万个，床位311.1万张；其中，城市社区养老服务机构和设施11.5万个，农村社区养老服务机构和设施23.2万个。

187 什么是商业型养老社区？

商业型养老社区指以满足老年人生理和心理需求为导向，配套适合老年人的各类公共服务设施和服务体系，为老年人提供日常照料、康复治疗、健康管理、休闲娱乐等服务的老年人生活社区。商业型养老社区通常具备医疗和康复疗养的功能，可以进行健康管理，也配备文化娱乐等更高层次的服务，更适合处于活力阶段或生活自理阶段的老年人，但相对费用较高。

188 什么是机构养老照护服务？

机构养老照护服务是指各级政府、企业和社会力量兴办的养老院、老年福利院、老年公寓、老年养护院、敬老院、光荣院、农村幸福院、养老大院等养老机构为在机构集中养老的老年人提供的养护和专业化护理服务；内设诊所、卫生所（室）、医务室、护理站的养老机构提供的医养结合服务；公办养老机构及公建民营养老机构为经济困难失能（含失智）老年人、计划生育特殊家庭老年人提供的无偿或低收费托养服务；失智老年人照护机构提供的服务，不包括机构为居家老年人提供的上门服务。

189 选择养老机构要考虑哪些因素？

选择养老机构建议考虑的因素见图11-4。

价格水平	根据老人经济实力综合考量养老机构价格，养老机构的收费一般包括床位费、护理费、餐费、入住押金、空调、暖气费、其他费用等	养老机构需提供专业服务，如医疗保健和护理服务、膳食服务、生活照料服务、心理和社会交往服务等	服务内容
专业能力	养老机构需具有相应营业资质确保合规经营，其工作人员和医护人员须具有相应的职业证书，同时养老机构内部卫生情况良好并为老人制定专业健康管理计划	养老机构需要具有良好的内外部环境，内部环境包括院落、门厅、走廊、公共区域、房间设施等是否进行专业的适老化设计，外部环境可重点关注养老机构周边交通、建筑、医疗设施、商业配套等设施情况	机构环境

图11-4 选择养老机构建议考虑的因素

190 什么是养老机构的等级？

民政部发布的《〈养老机构等级划分与评定〉国家标准实施指南（2023版）》，将养老机构按照综合服务质量从低到高划为一星到五星共5个等级，具体评估内容分为外部环境、设施设备、运营管理和照护服务4个部分（见图11-5）。原则上养老机构等级越高表明养老机构综合服务能力越强，有需求的老年人及其家庭可参考该星级标准选择养老机构。

养老机构评估内容

外部环境 （120分， 94个评价项）	设施设备 （130分， 109个评价项）	运营管理 （150分， 116个评价项）	照护服务 （600分， 236个评价项）
● 交通便捷度（6项）	● 居室（17项）	● 行政办公管理（10项）	● 出入院服务（17项）
● 周边服务设施（6项）	● 卫生间、洗浴空间（19项）	● 人力资源管理（22项）	● 生活照料服务（32项）
● 公共信息图形标志（7项）	● 就餐空间（15项）	● 服务管理（19项）	● 膳食服务（31项）
● 院内无障碍（43项）	● 洗涤空间（10项）	● 财务管理（11项）	● 清洁卫生服务（13项）
● 室内温度（12项）	● 接待空间（5项）	● 安全管理（26项）	● 洗涤服务（12项）
● 室内光照（13项）	● 活动场所（6项）	● 后勤管理（9项）	● 医疗护理服务（31项）
● 室内噪声（4项）	● 储物间（5项）	● 评价与改进（19项）	● 文化娱乐服务（21项）
● 绿化（3项）	● 医疗卫生用房（10项）		● 心理/精神支持服务（13项）
	● 停车区域（4项）		● 安宁服务（14项）
	● 评估空间（3项）		● 委托服务（10项）
	● 康复空间（5项）		● 康复服务（19项）
	● 社会工作室/心理咨询空间（10项）		● 教育服务（10项）
			● 居家上门服务（13项）

图11-5 养老机构评估内容

191 机构养老常见的收费模式有哪些？

机构养老有五种常见的收费模式：会员制、押金制、租赁制、产权销售制、保单捆绑制，见图11-6。

会员制	老年人通过支付一定的会费购买会员卡取得养老机构入住资格。根据不同养老会员制模式，部分模式还需另外支付服务费或年费
押金制	老年人签订养老机构入住合同时需支付一定押金，同时定期缴纳房费、服务费等费用后享受机构提供的养老服务，合同到期不再入住可全额退还押金
租赁制	传统养老机构最常见的收费模式，多以固定的床位费、月费、服务费等名义向老年人收取费用，其他增值服务需另收费
产权销售制	老年人通过购买养老公寓等房产，入住养老社区，同时缴纳服务费享受社区内养老服务
保单捆绑制	老年人通过购买高额保险，在享有保险利益的同时，还可拥有入住养老社区的资格，保险合同产生的利益可用于支付社区每月的房屋租金和其他服务费用

图11-6 机构养老常见收费模式

192 什么是长期护理保险?

　　长期护理保险是指由政府或个人出资，为需要接受长期护理的被保险人提供医疗或费用给付保障的保险。长期护理保险包括社会性长期护理保险和商业性长期护理保险两类。社会性长期护理保险是指国家和社会根据一定的法律和法规，为补偿长期护理服务费用支出而建立的一项社会保险制度；商业性长期护理保险是指由投保个人出资购买的商业保险公司长期护理保险，国家不强制实施，其承保方式及承保内容多样化、保费厘定和条款设定灵活，并且进行市场化运营。

　　我国社会性长期护理保险制度试点政策探索始于2016年，截至2022年年末，已覆盖49个试点城市，参保人数1.69亿人，累计有195万人享受待遇，累计支出基金624亿元，年人均支出1.4万元，长期护理保险定点服务机构7679个，护理服务人员33.1万人。长期护理保险的参保人群也从最初的职工，逐渐扩展到灵活就业人员以及城乡居民等。

193 社会性长期护理保险如何运营?

参保对象:主要为参加基本医疗保险的职工,部分试点地区扩大至城乡居民或城镇居民。

筹资机制:绝大部分试点城市已建立多渠道筹资机制,强调互助共济、责任共担。筹资来源包括医保统筹基金、财政补助、单位和个人缴费等。

护理形式:主要分为医疗护理、养老机构护理、居家护理和社区日间照护。

支付方式:主要分为比例支付和定额支付,与提供护理服务相结合。

支付标准:支付水平通常与失能等级评估情况和缴费年限挂钩。

📖 拓展阅读

长期护理保险的南通模式

南通市采取个人缴费、财政补助、基金划转、社会捐赠等多渠道筹资方式推行长期护理保险。筹资标准暂定为每人每年100元,其中个人缴纳30元,医保统筹基金筹集30元,财政补助40元。城镇职工可以从其医保个人账户中直接划拨,城乡居民在每年缴纳医疗保险费时,同步缴纳护理保险费,其中困难群体及未成年人由财政全额补助。

失能人员在经过评定后,可选择在定点医疗机构或养老服务机构的照护床位接受第三方照护服务,长期护理保险给予每人每月2100元的照护补贴;居家失能人员除每月享受450元的照护津贴外(中度失能300元),还可获得专业照护公司每周2~3小时的护理服务,包括10项左右的生活照料服务和至少5项的基础护理服务,服务费用按照套餐每月1000元左右,由长期护理保险基金支付。

194 失能等级及照护需求评估通常是指什么？

通过对日常生活活动能力、精神状态、视听觉与沟通、社会参与等影响老年人日常生活的核心指标进行评估，明确老年人目前存在的功能缺陷和缺陷程度，确定老年人照护需求及照护等级。

2021年7月，国家医保局、民政部印发《长期护理失能等级评估标准（试行）》，包括3个一级指标和17个二级指标（见表11-2），促进全国统一的长期护理需求认定和等级评定标准体系建立。

表11-2　长期护理失能等级评估指标

一级指标	二级指标
日常生活活动能力	进食、穿衣、面部与口腔清洁、大便控制、小便控制、用厕、平地行走、床椅转移、上下楼、洗澡
认知能力	时间定向、人物定向、空间定向、记忆力
感知觉与沟通能力	视力、听力、沟通能力

第十二章 创新型养老服务

195 什么是创新型养老模式?

创新型养老模式是指以老年人需求为中心,通过技术、服务、管理上的创新为老年人提供更加便捷、舒心和安全的养老生活。随着人口老龄化的进程加快,人们对养老服务需求日益多样化,传统的养老模式已经不能满足社会养老的需求。近年来国家层面也通过政策驱动和资金补贴等方式加大了对创新养老产业发展模式的支持力度,在"十四五"期间重点扶持"医疗健康+养老""互联网+养老"等新兴养老业态。在此背景下,"智慧养老""旅居养老""以房养老"等各类创新型养老模式不断涌现。

196 什么是智慧养老?

智慧养老指以信息化养老终端采集数据为基础,利用互联网、物联网、云计算等手段,建立系统服务与互动平台,通过整合公共服务资源和社会服务资源来满足老年人在安全看护、健康管理、生活照料、休闲娱乐、亲情关爱等方面的养老需求的新型养老服务模式。

近年来,国家层面倡导智慧养老的政策陆续出台,发展建立智慧养老服务体系,旨在全方位应用各种先进的管理和信息技术支撑养老服务,面向居家、社区、机构养老模式开发智能物联网系统平台,通过链接医疗服务、运营商、个人和家庭,提供实时便捷的养老服务。

197 什么是旅居养老?

旅居养老是老年旅游的延伸,是指老人可以选择喜欢的城市或国家居住,同时享受旅游和养老的生活方式,融合了"候鸟式养老"和"度假式养老"模式,同时附加医疗、康复、疗养、文化娱乐等特殊功能,实现养老养生的目的。该养老模式适合健康情况较好,能够自理生活的老人。

198 什么是共享养老?

共享养老是指基于社会化资源和服务,通过多方协同合作,为老年人提供更加便捷、优质、经济的养老服务。它包括了老年人之间的互助、家庭之间的互助、社区之间的互助、企业和社会组织的参与等多种形式。

共享养老的优势在于可以充分利用社会化资源,提高养老服务的效率和质量,减轻老年人和家庭的负担,同时可以促进社会和谐,增强社区凝聚力。

199 什么是消费养老?

消费养老是指商家在销售商品过程完成后,按照销售收入的一定比例以奖励积分的名义返还给消费者,这部分资金将会自动划拨到个人养老金专用账户上。该账号由保险公司提供保值和增值的服务,并且须遵循"个人消费养老金规范管理计划"的监督执行。

> **小贴士**
>
> 　　个人消费养老金规范管理计划是为响应国家完善促进消费体制机制、积极应对老龄化社会，完善保障体系的相关要求，充分发挥公证的法律职能及相关行业、企业的作用，在综合性公证养老体系建设的基础上，在消费养老保险专家指导下，由公证处联合国有商业银行、独立的账户管理机构及相关企业共同发起的将消费与养老紧密结合、安全合规的创新计划。

200 什么是以房养老？

　　以房养老是指老年人将自己的不动产转化为养老资金的一种养老模式。具体地说，老年人可以将自己的产权房屋以抵押、出租出售或遗赠扶养等方式换取一定数额养老金或老年公寓服务。

201 以房养老有哪些模式？

　　以房养老的操作模式可分为金融模式和非金融模式，金融模式运作复杂，必须通过金融保险机构才得以顺利运营，包括住房反向抵押贷款（倒按揭）、房产养老寿险等；非金融模式操作较为简单，包括出租出售、遗赠扶养、房产置换、房产租换等。

某住房租赁公司存房养老模式

　　某住房租赁公司按房屋业主的年龄不同，将存房养老分为年轻客群模式和老年客群模式（见图12-1）。在年轻客群模式中，住房租赁公司将存房的收益（例如房屋出租的租金）直接汇款给年轻业主的账户（个人养老金账户或普通账户），作为养老资金的储备。在老年客群模式中，住房租赁公司将存房的收益置换为不同类型的养老服务（例如社区养老、机构养老、旅居养老、乡村养老等），提供给老年人。

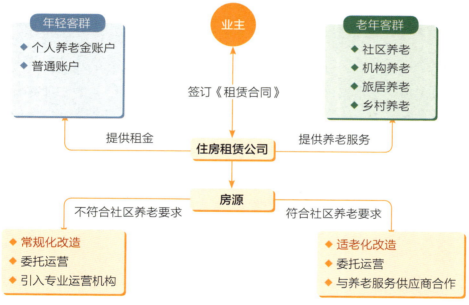

图12-1　某住房租赁公司存房养老模式示意图

202 适合以房养老的人群有哪些？

拥有自有住房且养老金不足的老人较适合以房养老模式。我国居民财富构成总体呈"房多钱少"趋势，据《中国养老财富储备调查报告（2021）》，2020年我国居民财富中60%为房产，40%为金融资产。金融资产中还以现金、短期储蓄和理财等低收益率资产居多，养老财富储备面临较大挑战。因此，将住房类盘活能提供可观的资金来源，有效解决养老资金筹措问题。

203 什么是住房反向抵押贷款？

住房反向抵押贷款又称为倒按揭，是指老年人将自有住房抵押给银行，由银行通过对老年人的年龄、预期寿命、房屋价值等因素进行综合评估后，向老人分期支付现金。贷款到期或老人去世后，可由老人或其继承人归还贷款本息赎回房产，也可由银行处置抵押房产，余额作为遗产，通常银行就不足部分不享有追索权。

204 什么是出租出售模式？

出租出售模式是指老年人将自有住房出租或出售，以租金、售房款或差价款来增加养老资金，具体形式包括但不限于租出大房租回小房、售出大房换购小房、租售房产入住养老公寓等。出售模式需让渡房屋所有权，出租模式仅让渡房屋租赁权。

205 以房养老模式的房屋所有权如何界定?

综合法学和经济学视角,不同模式的以房养老所利用的房屋价值形态是不同的,所对应的房屋所有权界定也不同,具体见表12-1。

表12-1　以房养老各模式的房屋所有权

以房养老模式	房屋价值形态	功能	房屋所有权
自住	使用价值	自住或让他人居住	不涉及
出租	收益价值	出租获得租金	按照租赁合同,将房屋交付承租人使用、收益
住房反向抵押贷款	担保价值	利用资产信用获得资金	业主身故后让渡所有权至银行或保险机构
出售	交换价值	转让获得价款	一次性让渡房屋所有权

投资实践篇

　　本篇从实践角度对制定养老资金规划、选购养老金融产品、防范风险等内容进行了详细介绍，有助于指导养老投资实践操作，为解决家庭财富管理和传承等问题提供参考；对于预防与应对养老投资风险，识别与防范养老金融骗局，保障养老人群合法权益有一定帮助。

第十三章　养老资金规划与投资

206　养老资金规划什么时候开始最好？

越早越好。越早进行资金规划，越能发挥时间复利效应，随着时间的推移和投资期限的拉长，财富积累速度越来越快。同时，能够把养老所需的大额资金积累平摊到较长的工作期限内，聚少成多，减少压力。此外，投资时间足够长，有更大的空间来配置权益资产，受权益资产短期波动影响更小，更能提升投资收益，最大程度发挥复利的作用。

📖 案例

职工李某计划60岁退休，除基本养老金外，打算额外准备50万元作为补充，在合理的资产配置下，假设长期年化投资收益率5%，在不同年龄开始投入，每年所需的投资金额差异较大，对比情况见表13-1。

表13-1　不同年龄阶段开始养老资金规划投资情况

开始年龄	每年需投资金额	投资收益率（年化收益）	投资目标（60岁退休）
30岁	7167元		
40岁	14401元	5%	50万元
50岁	37859元		

207 养老资金规划应该怎么做？

养老资金规划流程见图13-1。

第一步 估"需求"　根据个人养老生活目标，确定养老金总替代率水平。基于退休前收入水平，算出所需的养老收入

第二步 盘"收入"　首先，算一算基本养老保险能提供的收入。其次，如果已加入年金计划，可算一算年金能提供的补充资金

第三步 算"缺口"　根据需求和收入计算养老资金缺口，剩余缺口需由个人储备养老金补足

第四步 补"缺口"　按初始投入本金、每年收入缴存和投资增值收益三个资金来源补足养老资金缺口

第五步 选"工具"　根据补缺口所需资金确定投资目标，结合自身风险偏好选择不同风险收益特征种类的投资工具。如果符合个人风险偏好的产品无法弥补缺口，可以通过降低未来需求、适当调整风险偏好等方式达到目标

第六步 做"配置"　养老投资要实现长期目标并控制风险，需要进行长期资产配置。这项工作专业性强，持续时间长，普通人难以完成。可以把专业的事交给专业的人来做，例如，直接投资市场主流机构发行的养老理财、养老年金保险、养老目标日期基金等

图13-1　养老资金规划流程

案例

职工周某今年30周岁，就职于某城镇非私营单位，预计60岁退休，预期寿命90岁，今年收入10万元。假设每年收入的增长率均为3%，每年收入结余10%，养老目标为保持退休前生活水平，养老金替代率为70%。目前已积累3万元可用于养老投资。假设通货膨胀率为3%，日常自己投资年化收益率为3%。

第一步：估"需求"。

（1）计算60岁那年的收入：$10 \times (1+3\%)^{30} = 24.27$（万元）。

（2）计算退休第一年的生活需求：$24.27 \times 70\% = 16.99$（万元）。

（3）按照每年初支取16.99万元，累计支取30年直到90岁，退休后通货膨胀率为3%，计算现值：$16.99 \times (P/A, 3\%, 30) \times (1+3\%) = 343$（万元）。

💡 **小贴士**

（$P/A, i, n$）是年金现值系数，表示按照利率i，每年年末收到1元，连续收n年，本金加利息折算到现在的价值。计算公式为

$$(P/A, i, n) = [1 - (1+i)^{-n}]/i$$

（$P/A, 3\%, 30$）表示按照年化利率3%，每年年末收到1元，连续收30年，本金加利息折算到现在的价值，按照上述公式计算可得19.6004元。

第二步：盘"收入"。

假定按照退休后每年初领取9.71万元（按40%基本养老保险替代率计算）基本养老金，累计领取30年，退休后自己投资年化收益率为3%，计算现值：9.71×（P/A，3%，30）×（1+3%）=196（万元）。

第三步：算"缺口"。

养老金缺口是养老金需求与基本养老金收入的差值，即343-196=147（万元）。

第四步：补"缺口"。

目前已积累3万元，可作为初始投入本金。30岁年收入10万元，年收入增长率3%，每年收入的10%可用于养老储备，从30岁到60岁积累31年，根据等比数列求和公式，可计算积累本金50万元，初始投入本金和每年收入缴存积累本金合计53万元。目前，在累计本金弥补部分养老金缺口后，仍存在资金缺口94.01万元，需靠投资收益弥补。

 小贴士

等比数列求和公式$S=a_1×（1-q^n）/（1-q）$

本例中，$a_1=10×10\%=1$，$q=1+3\%=1.03$，$n=31$，代入公式，可得积累的本金$=1×（1-1.03^{31}）/（1-1.03）=50$（万元）

第五步：选"工具"。

如职工周某选择储蓄产品，存入5年期定期存款，不够5年期存款周期，则按最接近期限进行存款，按目前存款利率（5年期2.65%，3年期2.60%，1年期1.80%）计算，可获得

利息收入14.03万元，仍存在79.98万元缺口。

在本金积累确定的情况下，要弥补养老金缺口，每年收益需在6%左右。如果周某风险偏好较低，仅配置储蓄或固定收益类的低风险产品，显然无法实现投资目标。由于周某养老金投资期限可达30年，可适当调整风险偏好，配置波动率较高的权益类产品，通过承受较高程度波动风险以提升投资收益水平。

第六步：做"配置"。

周某不了解金融产品，日常工作学习繁忙，没有时间和精力进行养老资产配置，计划选择养老目标日期基金或养老年金保险作为投资标的。周某预计60岁退休（2053年），可选择产品到期日期与退休日期接近的产品，如养老目标日期基金2050或养老目标日期基金2055，进行一站式配置；也可选择领取年龄为60岁的养老年金保险产品；另外，为规避意外或疾病产生的大额开销影响养老资金积累的风险，可选配意外险、重疾险、医疗险等保险产品。

208 养老投资需要关注哪些关键因素？

投资的长期性。养老金一般从工作时开始缴费，到退休后领取，是存续时间跨度大的长期资金，承受风险能力较强，可以"用时间换空间"，拉长投资时间抵御短期市场波动，通过长期持有分享资本市场上涨带来的收益，实现养老金长期稳健增值。

资产配置。长期来看，资产配置决策对收益的贡献非常显著，通常在80%～90%。养老投资需明确自己的养老需求，基于自身风险承受能力，确定储蓄、理财、保险、基金等各类不同风险等级资产的配比权重，然后根据投资需求变化，或市场情况变化进行阶段性动态调整。

权益投资。在各类资产中，股票的长周期平均收益率更高，养老金长期属性也能够承受短期市场波动。全球主要养老金均十分重视对权益资产的投资，投资股票的比例平均在30%以上，部分国家在50%以上。我国资本市场的权益类资产同样具有吸引力，以上证指数为例，从1990年成立到2022年末，32年上涨超36倍，年化收益率达11.90%。

风险承受能力。风险承受能力是指能承受多大的投资损失而不至于影响正常生活，这与家庭金融净资产、收入、年龄和家庭情况等相关。具体到养老投资，最大的影响因素是年龄。一般来说，年轻投资者养老资金的投资期限更长，风险承受能力更高，随着年龄增长，相应的风险承受能力逐步下降。投资者需根据自身风险承受能力选择合适的产品，才能稳健实现养老投资目标。

209 如何选择个人养老金产品？

清晰了解产品特征。个人养老金产品总体可分为三类：以商业养老保险产品为代表的保障类产品；以养老储蓄为代表的储蓄类产品；以养老理财产品和公募基金为代表的投资类产品。各产品风险不同，有些产品明确不保本，投资者在购买前一定要了解清楚。

评估自身风险承受能力。选择个人养老金产品的前提是科学评估自身风险承受能力，并根据自身风险承受能力选购相应风险等级的投资产品。

契合自身需求配置产品。对于风险承受能力较强的投资者，建议投资主要配置权益类资产的产品；对于风险承受能力较弱的投资者，建议投资主要配置养老储蓄、债券型基金、养老年金保险等收益较为稳健的产品；对于不了解自身风险承受能力，不知道"投什么产品""什么时候投"的投资者，建议采用多元配置策略，组合配置低风险稳健型产品与波动性较高的权益类产品，通过控制高风险产品投资比例分散风险，也可咨询相关专业人士后再进行决策。

拓展阅读

个人养老金产品"投资80法则"

根据国外经验，考虑年龄因素进行产品配置，有个简单的"投资100法则"，即用100减去年龄就是适合投资高风险产品的比例。考虑到我国民众风险偏好普遍偏低的特点，建议可参考"投资80法则"进行个人养老金产品配置，即用80减去年龄得到应投资高风险产品的比例。不同年龄阶段个人养老金产品配置示意见表13-2，不同风险偏好投资者可在此基础上加以调整。

表13-2　不同年龄阶段个人养老金产品配置示意

配置类别	30岁	40岁	50岁	60岁
养老保险/储蓄	50%	60%	20%养老保险	30%养老储蓄
稳健型养老理财			50%	50%
积极型养老基金	50%	40%	30%	20%

注　本表仅为示意，不构成投资建议。

210 养老投资的原则是什么？

养老投资应遵循"三投原则"，即早投、长投、定投。

首先，养老投资要"早投"。无论是养老储蓄、理财、保险还是基金，在复利效应持续推动下，越早投入，需要的本金越少。如果收益率再高一些，早投带来的本金节省效应更明显。

　　职工张某预计60岁退休，除了基本养老金外，打算额外准备50万元作为补充养老资金。若在年化投资收益率为3%的条件下，按照10、20年和30年积累，期初所需本金分别为37万、28万元和21万元（见表13-3），早投10年本金节省26%，早投20年本金节省45%。随着收益率提升，达成投资目标所需本金节省效应进一步放大。

表13-3　50万元投资目标不同积累期所需本金对比

年化收益率（%）	10年所需本金（万元）	20年所需本金（万元）	30年所需本金（万元）	早投10年本金节省（%）	早投20年本金节省（%）
3	37.20	27.68	20.6	25.59	44.62
6	27.92	15.59	8.71	44.16	68.80
10	19.28	7.43	2.86	61.46	85.17

　　其次，养老投资要"长投"。通过长期投资尽量减少因市场短期波动带来的恐慌抛售行为，聚焦长期增值。自2005年年初到2022年年末，我国资本市场经历过多次短期冲击，但沪深300指数的年化收益率依然达到11.56%。

　　最后，养老投资要"定投"。定投是指定期定额投资，由于大多数人的工资是按月发放，非常适合每月发工资时拿出一部分钱定投，积累养老金资产。该方法适用于各类养老基金和分期缴费的养老年金保险。一方面通过定投分摊成本，平滑波动，提升养老投资的持有体验；另一方面，把养老所需资金平摊在几十年工作生涯中完成，减少对当前生活的影响。

211 为什么定投是比较适合养老投资的方法？

首先，投资者可根据自己的现金流入频率匹配定投扣款频率，帮助自动形成养老投资习惯。以个人养老金为例，对于大部分人来说，每年一次性拿出一笔较大金额的钱用于养老投资并不轻松。但如果采用定投的方式，每月发工资时从中匀出一小部分钱投入个人养老金账户，能大大降低一次性投资带来的短期现金流压力。这种着眼长期、日积月累的养老投资方法也可以帮助抵御当期消费的诱惑，做到强制储备，以便更好地坚持养老投资计划。

其次，定投可发挥复利效应，实现有效养老投资。定投收益具有复利效应，本金所产生的利息或分红加入本金继续产生收益，随着时间的推移，通过滚雪球的方式使得复利效果越发明显。需要注意的是，定投的复利效果需要较长时间才能充分展现，通过"长坡厚雪"滚大收益雪球，才能实现有效养老投资。

最后，定投可改善养老投资体验。投资亏损时感受到的痛苦是上涨相同幅度时感受到的快乐的数倍。因此，很多时候虽然养老投资最终赚了钱，但是整个养老投资过程却让人痛苦，造成了不好的养老投资体验。定投避免了在高点一次性买入带来的难以忍受的收益下跌，通过分批买入的方式平滑了投资成本，降低了投资的波动，从而改善养老投资体验。

拓展阅读

定投微笑曲线

定投微笑曲线是指在市场先跌后涨的过程中，坚持定投，并在高位卖出、获利退出的微笑形状曲线（见图13-2）。定投一般分为以下两个阶段。

市场下跌阶段：价格越来越便宜，坚持定投，用低成本囤积足够的产品份额。这个阶段可能会出现浮亏，也是投资者的痛苦阶段，需要继续坚持下去。

市场上涨阶段：定投一段时间后，发现市场开始出现反弹行情，定投微笑曲线的右侧开启，在市场尚未高估的情况下，可以继续坚持定投，待市场高估或者达到止盈目标后分批卖出。这个时候很多投资者容易犯的错误是，微微盈利就卖出，浪费了下跌行情中积攒的产品份额，错过了上涨行情带来的盈利。

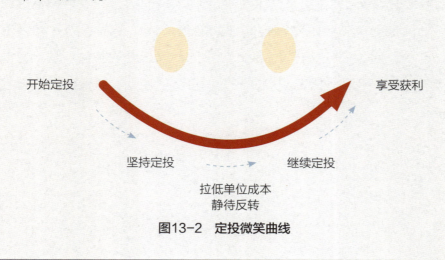

图13-2 定投微笑曲线

212 定投应该怎么做？

第一步"定目标"。在定目标时，建议结合自身实际情况，基于不同场景来确定。以养老场景为例，养老投资的收益率应不低于工资增速或GDP增长率，综合考虑上述两个因素，养老投资应设置合理的投资目标。

第二步"投什么"。基于定投目标、产品的投资回报和风险水平等因素选择产品。对于偏积极的投资者，可以选择长期收益较高、主要配置股票的产品；对于偏稳健的投资者，可以选择随市场灵活调整、波动幅度较小的灵活配置型产品；对于保守型的投资者，则可以选择主要配置债券等固定收益类资产的产品。

第三步"选频率"。投资者需要确定投资频率，即需要在每个交易日定投、每周定投、每月定投这几个频率中选一个。对于同一款产品来讲，在总额一样的情况下，选择每日定投、每周定投或者每月定投三种情况的收益差距很小，年化收益差别不过百分之零点几。对于很多工薪族来说，通常薪资都是按月发放，所以采用按月定投是相对比较合适的。

第四步"投多少"。定投需要长期坚持，一定要考虑自己的经济能力，不要造成太大的资金压力。建议可按3种情形分别考虑：第一种，根据长期投资目标来确定。根据定下来的投资目标，可以大概计算出每次需要定投多少资金才能实现目标。第二种，用闲钱做定投。一般可以用每个月的收入减去支出之后，剩余资金的一半来定投，或者是月收入的10%来定投。第三种，用备用金做定投。备用金通常与日常收入和支出无关，动用备用金来做定投不会有太大的资金压力。

第五步"投多久"。定投一般需要做好投资3～5年的心理准备，具体投资时间需要考虑资金属性。如个人养老金的投资长达10、20、30年甚至更久，随着投资年限的拉长，复利效果会越明显。同时，由于每年能享受税收优惠额度，适合一直定投到退休。

　　职工王某为养老进行储备，从2013年1月1日起，截至2022年12月31日，每月初投入1000元。如选取沪深300指数基金和某主动管理权益基金，采用定投方式，长期来看均取得不错的投资收益（见表13-4）。

表13-4　养老定投产品情况对比

定投产品	总投入（万元）	期末资产总额（万元）	收益率（%）
沪深300指数基金	12	15.95	32.89
某主动管理权益基金	12	19.11	59.28

　　注　1. 养老目标基金成立时间不长，故选取比较有代表性的指数基金和主动管理权益基金。

　　　　2. 主动管理权益基金选取某大盘精选混合基金A份额，在成立满10年的同类基金中业绩排名中游。

　　　　3. 表中数据为根据各类基金实际收益情况进行业绩模拟所得。

第十四章　养老投资风险防控

213　养老投资面临哪些风险?

养老投资在保障未来退休生活的同时，也面临着一定的风险。养老投资风险主要包括两层含义，一是狭义的投资风险，即由于资本市场波动导致收益损失甚至本金损失的风险；二是广义的投资风险，即遭受养老投资诈骗的风险。

狭义的投资风险根据是否可分散分为系统性风险和非系统性风险。系统性风险又称市场风险、不可分散风险，通常是指由整体政治、经济、社会等环境因素对投资产品价格所造成的影响，包括政策风险、经济周期性波动风险、利率风险、购买力风险、汇率风险等，对市场上所有参与者都有影响，难以通过分散投资消除。养老投资虽然有一定的政策支持和保障，但是也可能面临市场波动、通货膨胀等系统性风险。对此，投资者应尽量保持理性和耐心，减少非理性投资行为发生的概率。非系统性风险，又称非市场风险、可分散风险，通常是由所投资的产品自身因素变化引起的个别投资产品价格变动风险，也可能是由产品管理人的投研能力、管理水平以及勤勉程度等引起的操作风险。

由于投资主体、投资目的等方面的特殊性，养老投资还面临较大的金融诈骗、非法集资等风险。近年来，民政部、国家金融监督管理总局等政府部门密集发布关于养老服务领域非法集资、"投资养老""以房养老"金融诈骗等的风险提示，提醒投资者远离非法金融活动，保护自身权益。

214 国家对于养老投资有哪些保障措施?

随着我国老龄化进程不断加快,越来越多的人开始关注并参与养老投资。为了维护广大投资者的利益,促进养老投资健康平稳运行,国家层面积极采取多种措施,切实控制和防范风险。

国家为个人投资者参与养老投资保驾护航。一是完善投资者权益保护制度体系。国务院办公厅、中国人民银行、国家金融监督管理总局相继发布了一系列金融消费者权益保护制度❶,明确金融消费者财产安全权、知情权、自主选择权、公平交易权、依法求偿权、受教育权、受尊重权和信息安全权等权利,切实保障投资者自愿投资、公平交易、财产安全。二是加强养老投资领域风险提示宣传力度。持续加大养老投资领域非法集资、金融诈骗等非法金融活动打击力度,民政部、国家金融监督管理总局等多部门通过多渠道、多形式发布养老投资领域风险提示及典型案例,加强以案普法和以案释法力度,帮助消费者提高识骗防骗能力,谨防个人养老投资上当受骗。

国家作为基本养老保险基金投资主体保障资金保值增值。基本养老保险是一项具有养老投资性质的民生保障制度,国家作为投资主体,为了确保资产安全,实现保值增值,制定《基本养老保险基金投资管理办法》(国发〔2015〕48号)等制度,坚持长期投资、价值投资和责任投资的理念,按照审慎投资、安全至上、控制风险、提高收益的方针进行投资运营管理。

---

❶《国务院办公厅关于加强金融消费者权益保护工作的指导意见》(国办发〔2015〕81号)
《银行业保险业消费投诉处理管理办法》(中国银行保险监督管理委员会令2020年第3号)
《中国人民银行金融消费者权益保护实施办法》(中国人民银行令〔2020〕第5号)
《银行保险机构消费者权益保护管理办法》(中国银行保险监督管理委员会令2022年第9号)

215 个人如何看待养老投资风险?

养老投资是一门学问,既要保证退休时的资金安全,也要实现资产有效增值,这就要求我们要树立养老投资风险意识,也要敢于直面养老投资风险。

首先,要清楚养老投资的本质是投资。带有"养老"字样的投资产品名称不代表收益保障或其他任何形式的收益承诺。要遵循风险与收益相匹配的基本投资原则,时刻牢记投资有风险,高收益对应高风险,低收益对应低风险。投资前,要充分了解养老金融产品的风险等级和收益情况,正确认识自身风险承受能力,审慎选择与自身风险偏好相匹配的产品,并通过多元配置分散风险。

其次,要明确养老投资的目的是养老。养老投资是通过对现有资产的合理配置,给未来安享晚年一份保障,而不是以短期投机获利为目的。因此,要视自身资产、收入、支出等具体情况,以不影响当下生活为前提,在自己的能力范围内合理安排养老投资金额。要以长远的眼光、平和的心态看待养老投资,坚持价值投资、长期投资,优选并长期持有值得信赖的养老金融产品,以应对市场的短期波动风险。

最后,要牢记养老投资的关键是安全。当前市面上养老金融产品琳琅满目,一些所谓的养老金融产品,其实是披着"养老"外衣的短期投资工具,更有甚者,标榜"稳赚不赔""高额收益",实则是精心策划的理财骗局。投资者要对养老投资收益有合理预期,认准正规金融机构,选择合规投资渠道,购买合法养老金融产品,保护自身财产安全。

216 个人应对养老投资风险有哪些措施?

认识自己,科学评估自身风险承受能力。只有清楚自己对投资风险的承受能力,才能更好防范风险。目前,关于个人投资者的风险承受能力有两种常见的分类标准，一种是五挡分类标准，另一种是三挡分类标准。五挡分类标准将投资者分为保守型、相对保守型、稳健型、相对积极型和积极型。三挡分类标准将投资者分为保守型、稳健型和积极型。

看清产品，慎重选择合适的养老投资产品。投资产品琳琅满目，不少投资经理更是巧舌如簧，进行投资选择时切记要时刻保持清醒的头脑。做出投资决策之前，要仔细阅读投资产品说明书、购买合同等产品法律文件及风险揭示书，充分认识投资产品的风险收益特征和产品特性，并根据自身的风险承受能力，结合投资目的、投资期限、投资经验、资产状况等要素，选择真正适合自己的养老投资产品，切忌"随大流""盲目跟投"。

了解投资，主动学习基本的投资理财方法。养老投资往往不会是单一产品的投资，也不会是一劳永逸的投资。投资者要了解一定的理财投资策略，根据不同时期、不同情况，适时调整投资产品结构。比如，年轻的时候有相对稳定的收入来源，可以忍受产品的短期波动，从而可以加大高风险高回报产品的配置比例。人到中年，生活各项开支增加，需要持有稳定的现金流，这时选择增配一些低风险低回报产品以平滑波动就会比较合适。

长期耕耘，树立长期投资理念。养老投资本身是一个马拉松式的投资，需要持续投入、长期经营。一方面，投资行为要持久，养老投资不是一成不变的，需要我们根据外部环境和自身情况的变化，不断对投资额度、投资方向等做出适应性调整，这要求投资者要养成良好的投资习惯，并且持之以恒。另一方面，产品持有期要够长，让时间来消化短期操作可能带来的风险，通过长期持有分享未来资本市场上涨带来的收益，实现养老金长期稳健保值增值。

谨防诈骗，增强理性投资观念。谨记高回报伴随高风险，所谓的"高收益、无风险"投资、"保本高收益"投资极大可能是金融诈骗，务必认清高额回报背后隐藏的巨大风险，自觉远离非法集资。同时，也要警惕各种打着养老旗号的投资项目，防范养老服务领域诈骗，避免合法权益受到侵害。生活中，一旦发现养老投资领域的诈骗和非法集资苗头、线索，要积极向公安、金融监管等部门举报，共同营造良好的养老投资生态。

拓展阅读

风险承受能力自测

　　为帮助广大读者快速了解自身风险承受能力，笔者根据中国证券业协会发布的《个人投资者风险承受能力评估问卷（试行模板）》，按照五挡分类标准制作了线上问卷，读者可扫描二维码进行自测。自测结果仅供参考，不构成任何投资建议。

扫码自测
风险承受能力

217 如何识别养老金融骗局？

　　如今，养老金融诈骗形式多样、案件频发，如何识别养老金融骗局、避免陷入养老诈骗陷阱已经成为养老投资的必修课。2021年5月，民政部发布《关于养老服务领域非法集资的风险提示》，列举了养老服务领域非法集资的常见形式。2021年6月，原中国银保监会消费者权益保护局发布风险提示，揭示了"投资养老""以房养老"金融诈骗的常用手段。假借养老名义的金融骗局常见形式总结见表14-1。

表14-1　养老金融骗局的常见形式

骗局形式	诈骗手段
假借养老服务机构之名非法集资	一些企业没有养老服务机构实体，没有实际收住老年人并提供照料护理服务，但通过临时租用养老服务机构场地开展活动、宣称与养老服务机构签订合作协议等方式，"碰瓷"养老服务机构，以办卡返利、福利补贴、享受折扣等形式，诱骗老年人办卡储值非法吸收资金

骗局形式	诈骗手段
以提供"养老服务"为名非法集资	一些机构明显超过床位供给能力承诺服务，或者超出自身可持续盈利水平承诺还本付息，以办理"贵宾卡""会员卡""预付卡"、预交"养老服务费用"等名义，通过向老年人收取高额会员费、保证金等方式非法吸收资金
以投资"养老项目"为名非法集资	以投资、加盟、入股养生养老基地、销售虚构的养老公寓、长期出租养老床位、"时间银行"互助养老项目等名义，以承诺高额收益、返本销售、售后返租、约定回购为幌子非法吸收资金
以销售"老年产品"为名非法集资	打着"健康养老"名义，实际上不具有销售商品的真实内容，或者以医疗名义给老年人推广销售所谓"保健"相关用品，采取商品回购、寄存代售、消费返利、免费体检、赠送礼品、会议营销、养生讲座、专家义诊等方式，以承诺消费返利或给予其他投资回报为诱饵非法吸收资金
以享受"旅居养老"为名非法集资	以邀请老年人低价甚至免费旅游，或者考察所谓"旅居养老"项目为名，通过储值返利、投资分红、积分养老等方式非法吸收资金
用以房养老名义诈骗老年人资金	不法分子以国家政策名义掩盖非法集资的本质，打着"以房养老"、有高收益回报等旗号诱骗老年人办理房产抵押，再把借来的钱拿去买其推荐的理财产品。所谓"理财产品"很可能是虚假的，借来的钱最终到了不法分子的口袋

需要引起警惕的十种情形：

- 以"看广告、赚外快""消费返利"等为幌子的。

- 以投资境外股权、期权、外汇、贵金属等为幌子的。

- 以投资养老产业可获高额回报或"免费"养老为幌子的。

- 以私募入股、合伙办企业为幌子，但不办理企业工商注册登记的。

- 以投资"虚拟货币""区块链"等为幌子的。

- 以"扶贫""慈善""互助"等为幌子的。

- 在街头、商超发放广告的。

- 以组织考察、旅游、讲座等方式招揽老年群众的。

- "投资""理财"公司、网站及服务器在境外的。

- 要求以现金方式或向个人账户、境外账户缴纳投资款的。

拓展阅读

养老服务领域诈骗典型案例

2023年8月23日，民政部发布7起打击整治养老服务领域诈骗典型案例，具体如下。

案例一：李某明集资诈骗案——"碰瓷"养老机构以异地养老为名集资诈骗

一、关键词

异地养老；养老养生一卡通；福利补贴；集资诈骗

二、基本案情

2014—2015年，杜某宁先后注册成立湖南省常德市德源养老养生产业开发管理有限公司（后更名为北京东卫养老服务有限公司常德分公司，简称德源养老公司）、湖南东卫龙龄养老有限公司常德分公司。被告人李某明先后担任两公司的市场部总经理。其间，被告人伙同他人通过电话宣传、发放宣传单等方式，组织40余名老人到位于石门县夹山寺的德源养老院参观考察并宣称，德源养老公司经营养老服务并在全国各地有养老基地，老年人可以到公司参加活动，交钱办理"全国养老养生一卡通"和"全国养老消费一卡通"会员卡，凭卡打折享受公司在多地养老基地的异地养老服务；若卡内资金不消费，一年后将返还一定的福利补贴即利息。德源养老公司组织老年人到外地多家养老机构参观和组织活动，并宣传这些机构为公司的养老基地，吸引老年人办卡储值。但实际上，该公司没有提供养老养生、异地养老服务的经营实体。德源养老公司以石门德源养老院的名义与多名老人签订合同，老人所交钱款均进入被告人团伙成员个人账户，除发给团伙成员提成和工资、支付老年人存款利息外，其他钱款使用去向不明。

2014年1月—2016年7月，李某明所在公司为163名老年人办理"全国养老养生一卡通"会员卡，收取人民币共计1227.2万元，已还本付息105.36万元；累计与118名老年人签订"全国养老消费一卡通"会员协议，收取人民币共计85.53万元。李某明非法获利15万余元。

2021年4月，湖南省常德市武陵区人民法院以集资诈骗罪判处李某明有期徒刑七年，并处罚金20万元；责令被告人李某明与杜某宁共同退赔犯罪所得1195.61万元。杜某宁另案宣判。

三、典型意义

（1）以异地养老和旅居养老名义诱骗老年人。

（2）利用养老机构名义签订服务协议，增加老年人识骗难度。

案例二：四川遂宁安居盛唐德康养生养老中心案——以签订养生养老合同为名非法吸收公众存款

一、关键词

养生养老；办理居住权证；超售床位；非法吸收公众存款

二、基本案情

四川省遂宁市安居区盛唐德康养生养老中心（简称德康养老中心）于2011年成立，法定代表人为刘某均，市场拓展部部长为张某杰。刘、张二人商量以德康养老中心名义，以沿街发放宣传资料、组织老年人开展联谊会等方式进行公开宣传，为老年人办理居住权证、签订养生养老合同，并对外宣称，老年人缴纳的本金越多，入住时享受房租折扣也越大，德康养老中心将定期支付利息，期满后退还本金。截至2018年年底，德康养老中心共计向3300余人吸收资金1.7亿元，案发时已退还资金4275万元，未退还资金1.3亿元，入住服务费抵扣本金133万元。实际上，德康养老中心为吸纳资金而签订的养老服务合同数量远超中心养老床位数量，不具备为所有签约老年人提供养老服务的能力。

四川省遂宁市安居区人民法院以德康养老中心犯非法吸收公众存款罪，判处罚金50万元；刘某均犯非法吸收公众存款罪，判处有期徒刑八年，并处罚金40万元；张某杰犯非法吸收公众存款罪，判处有期徒刑五年，并处罚金20万元；责令被告单位及被告人退赔非法吸收的公众存款1.1亿元等。被告人上诉后，四川省遂宁市中级人民法院维持了原判。

三、典型意义

（1）警惕养老机构超量售卖床位的情况。

（2）警惕"高额回报"陷阱。

案例三：任某辉集资诈骗案——以赠送床位补贴券及回购为名集资诈骗

一、关键词

床位预售；床位补贴券；集资诈骗

二、基本案情

2010年，湖南省长沙市爱之心老年公寓管理有限公司（简称爱之心公司）投资建设爱之心老年公寓，于2016年10月9日投入使用，床位总承载量约600张。任某辉于2013年

9月—2015年5月担任爱之心公司市场部承包人。其间，任某辉为赚取高额营销提成，伙同其他同案犯以预售爱之心老年公寓床位及服务的名义雇佣业务员，通过电视广告、散发传单、召开推介会等途径向社会公开宣传，与老年人签订《养老服务合同书》，约定每满一年赠送9%～13%不等床位补贴券（根据资金多少补贴券比例不同）。合同期满后，未进行养老消费的会员，爱之心公司将返还本金并现金回购床位补贴券。但实际上，爱之心公司生产经营收益根本不足以支付高额营销提成和回购床位补贴券费用。该模式客观上不可能实现正常经营，只能依靠新收资金和未到期偿还的本金利息维持"庞氏骗局"，使公众形成错误认识，让爱之心公司吸收更多集资款。

2018年10月，爱之心公司无法按时发放员工工资。2019年3月，无法偿还集资参与人到期本金及利息。2019年8月该公司停止向社会公众吸收资金。2014年—2019年8月期间，爱之心公司发展客户5700人·次，吸收人民币共计8.11亿元。

湖南省长沙市天心区人民法院认为，任某辉为获取高额营销提成费用，伙同他人使用诈骗方法非法集资，应认定具有非法占有的目的，依法判决任某辉犯集资诈骗罪，判处有期徒刑十四年，并处没收个人财产100万元；在其掌控、支配流向其个人账户的金额范围内与同案人共同退赔给爱之心公司等其他集资参与人。

三、典型意义

（1）专业营销团队为抽取高额提成诱骗老年人投资。

（2）巧立名目实则为吸收公众存款。

案例四：刘某光等人集资诈骗案——以终身养老或高息为诱饵骗取老年人养护费用

一、关键词

终身养老；养护合同；扶养协议；最低生活保证金；集资诈骗

二、基本案情

2004年9月，被告人刘某光筹建内蒙古自治区赤峰市红山区济慈托老中心，2010年10月更名为阿斯哈图老年服务中心（简称老年服务中心），曹某玲为法定代表人。2009年12月—2015年5月，刘某光开展终身养老业务，即老年人一次性缴纳一定数额养护费，可获得每月返还最低生活保证金，并享受老年服务中心提供的日常生活和精神照顾、24小时护理、抢救，医疗费100%报销，火化、公墓殡葬等免费待遇。刘某光以老年服务中心的名义与老年人签订《养护合同》或《扶养协议》。2010年以来，赤峰市红山区民政局多次发出整改通知书，要求老年服务中心纠正终身养老服务行为，并责令清退养老服务费用。老年服务中心也多次上报整改情况，但实际仍继续与老年人签订合同或协议，诱导老年人缴纳养护费用。2015年5月，刘某光因资金周转问题失去联系，老年服务中心终身养护服务业务终止。

经赤峰市中级人民法院认定，2009年起，刘某光在内蒙古自治区、河北省、甘肃省、黑龙江省、安徽省、江苏省、山东省等地招收1000余名老年人，骗取养护费人民币3405万余元。2011年3月起，被告人刘某光单独及伙同曹某玲以养老院急需资金、扩大养老院等为由，以月息1.5～5分不等的利息为诱饵，以借款名义骗取他人钱款80起，骗取人民币

9212万余元。

内蒙古自治区赤峰市中级人民法院判决认为，被告人刘某光、曹某玲以非法占有为目的，明知自己没有履行能力，仍以办理终身养老等方式向社会公众非法集资，数额特别巨大，其行为均已构成集资诈骗罪。2020年1月14日，内蒙古自治区高级人民法院二审依法判决被告人刘某光犯集资诈骗罪，判处无期徒刑，剥夺政治权利终身，并处没收个人全部财产。被告人曹某玲犯集资诈骗罪，判处有期徒刑十年，并处罚金30万元。

三、典型意义

（1）在选择养老机构时，应当考察机构是否合规经营，通过官方渠道查询该机构登记备案、运营管理、资质信誉等信息。

（2）审慎看待"终生无忧""终身养老"等宣传口号，警惕超过一年的预付费要求，避免财产受到损失，养老变"坑老"。

案例五：张某平等人非法吸收公众存款案——以老知青养老为噱头吸引老年人预订养老服务

一、关键词

预订养老床位；床位租赁；高额回报；非法吸收公众存款

二、基本案情

2011年，被告人张某平在经营湖北省武汉市老知青回归茶庄公司，以及投资建设武汉市黄陂区知青岁月老年公寓（简称老年公寓）时出现资金困难。2012年4月，张某平在未经相关管理部门批准的情况下，在武汉市武昌区、汉阳区租赁办公地点作为其融资点，并雇用周某东等业务员在武汉市内居民小区、公园、广场等处发放宣传资料，向社会公众宣传老年公寓养老项目。张某平以经营老年公寓的名义，与老年人签订《预订养老服务合同书》《床位租赁合同书》，以高额回报及承诺入住老年公寓享受折扣为诱饵，大肆吸收公众资金。在此期间，张某平伙同周某东等被告人非法吸收了3622人资金，共计3亿多元，案发时累计偿还本金共计8130万余元，支付利息共计2612万余元，尚未偿还金额近2亿元。2016年3月18日，张某平在无法兑付所吸收大量存款的本金和利息的情况下，到公安机关投案并如实供述主要犯罪事实。其非法吸收的资金主要用于偿还出资人本金和支付利息、支付营销团伙提成和佣金、偿还被告人个人欠款，以及支付其个人购房款等方面，未实际开展养老服务业务。

湖北省武汉市黄陂区人民法院判决认为，张某平、周某东等被告人向不特定社会公众宣传，以承诺固定高额利息或承诺入住老年公寓享受折扣为诱饵，通过签订养老服务合同，向社会公众变相吸收存款，数额巨大，扰乱了金融秩序，严重影响国家对金融活动的监管，对社会稳定造成了极其不良的影响，其行为已构成非法吸收公众存款罪。法院以犯非法吸收公众存款罪，分别判处被告人张某平、周某东等三年至九年一个月不等的有期徒刑，并分别处2万～50万元不等的罚金。湖北省武汉市中级人民法院终审裁定维持原判。

三、典型意义

警惕打着怀旧名义实施的非法集资。

案例六：江苏徐州天爱养老服务公司非法集资案——以预售养老服务消费卡非法吸收公众资金

一、关键词

养老服务消费卡；打早打小；源头治理；非法集资

二、基本案情

江苏省徐州市天爱养老服务公司（简称天爱公司）在未办理养老机构备案的情况下，利用发放宣传材料的形式，虚假宣传建设养老服务设施、投资获得高额回报等内容，向社会售卖数额不等的消费卡，并返还消费券用于抵扣旅游等服务。但实际上，非法吸收的集资款只有部分用于建设养老服务设施。

为防止更多的社会老人上当受骗，江苏省徐州市铜山区政府于2020年正式将该风险入库，抽调区处非办、区公安局、区市场监督管理局、区金融局等有关部门精干力量，组成天爱养老风险处置化解工作专班，专司相关事宜，并向该公司注册地所在汉王镇政府正式下发《风险提示函》，详细说明风险状况，要求汉王镇高度重视，严格落实属地监管责任。2020年11月，专班对天爱公司涉嫌非法集资整改情况进行现场走访、查验、谈话，发现该公司已全面停止宣传业务，且全部退赔。

三、典型意义

以养老服务为名，以办卡、充值、投资、消费券等方式诱骗老年人消费，给老人带来极大的财产损失、精神损失，尤其是财产损失往往大部分无法追回。

案例七：肖某非法集资案——以投资购买养老服务为名跨地域非法吸收公众存款

一、关键词

投资养老产业；购买会员卡；集资诈骗；非法吸收公众存款

二、基本案情

2014年7月—2019年12月，河南名谦养老服务有限公司董事长、总经理、实际控制人肖某伙同副总经理、分公司负责人高某风等人在河南郑州、济源、南阳，云南大理，安徽宿州等地设立集资点，以河南省新密市隆利福颐年园筹建处、新密市隆利福老年公寓、河南名谦养老服务有限公司、河南名谦实业有限公司等名义，通过发放宣传彩页、口口相传等方式，以办理会员消费卡、预约认购股权、借款为借口，承诺支付年息7%～13%或月息1%～3%利息为诱饵，向社会不特定对象非法吸收公众存款，期限分为二年、三年、五年，每年或每月支付一次利息，承诺到期后退还本金。该公司共向6000余人吸收资金约人民币5亿余元，后由于资金链断裂，案发时未兑付金额仍有3.6亿元。

肖某于2020年4月23日因涉嫌非法吸收公众存款案被刑事拘留。截至目前，已抓获犯罪嫌疑人16人，其中刑事拘留13人，逮捕12人，取保4人，移送起诉12人，判决10人。

三、典型意义

（1）加大对养老服务机构和设施的监督力度，有效防范养老服务诈骗问题发生。

（2）购买养老服务时注意辨识正规消费和非法集资，依法理性进行消费。

218 如何避免陷入养老金融骗局？

谨记投资是有风险的，不宜有赌博心理而冒险入局。消费者要树立理性投资理财观念，切勿轻易相信所谓的"稳赚不赔""无风险、高收益"宣传，不要投资业务不清、风险不明的项目。投资有风险，不能受高收益诱惑而冲动投资。

谨记选择正规机构。购买理财投资产品应结合自身的风险承受能力，选择正规机构和正规渠道。消费者尤其是老年人群，在购买投资理财产品前，多咨询正规金融机构的专业人员，多与家人商量，对投资活动的真伪、合法性进行必要的判断和了解，防范不法分子诈骗侵害，警惕非正规机构的疯狂营销揽客行为。

注意提防集资诈骗套路。集资诈骗多有"击鼓传花"和"庞氏骗局"特点，往往是以新还旧，缺乏实际业务支撑和盈利来源，不存在与其承诺回报相匹配的项目，容易发生卷款跑路、资金链断裂等风险。不要被"保本高息""保证收益"等说辞迷惑。

注意保护个人信息。在日常生活中增强个人信息安全意识，慎重对待合同签署环节，不在空白合同签字。不随意提供身份证、银行卡号、密码、验证码等重要信息，以防被冒用、滥用或非法使用。若发现疑似非法金融活动，可及时向公安机关报案或向有关金融监管部门反映情况。

219 发现遭遇养老诈骗怎么办？

首先，立即采取措施尽可能减少个人财产损失。一方面，拨打110报警电话，第一时间告知转账汇款账户，寻求警方帮助，锁定犯罪分子银行账户，争取追回被骗资金，减少财产损失。另一方面，拨打银行卡开户行联系电话，申请冻结账户不再对外支付，避免财产进一步损失。

其次，积极配合警方破案尽可能减少社会损失。配合警方做好笔录，详细告知被骗过程细节，帮助警方尽快掌握犯罪手法，尽可能多地搜集诈骗证据，如投资协议、转账凭证、电话记录、短信记录、网络聊天记录等，协助警方立案侦查，早日破获案件，避免更多人受骗。

　　最后，通过合法渠道维护自身权益。如果与金融机构发生纠纷，应当先向金融机构投诉，金融机构对投诉不予受理或者在一定期限内未出具处理结果，或者认为金融机构处理结果不合理的，可以通过国家金融监督管理总局官网、金融消费者投诉热线、国家反诈中心App等多种方式进行维权。

小贴士

国家金融监督管理总局官网：http://www.cbirc.gov.cn/

银行业务投诉电话：12378、12363

证券业务投诉电话：12386

保险业务投诉电话：12378

反电信网络诈骗专用号码：96110

第十五章　财富传承

220　哪些金融工具具有财富传承功能？

　　财富传承涉及传给谁、传什么、怎么传三个核心问题，还涉及是否要支付相关税费，如何才能保留更多等诸多问题。财富传承方案的设计应该提前规划，以避免财富在没有提前安排的情况下成为遗产。一旦财富成为遗产，事先的规划可以避免发生复杂的继承程序。所以，财富的传承需要通过专业的工具和具备专业知识的人来实现。

　　目前财富传承的方式或工具一般有赠与、遗嘱等非金融类手段，也有人寿保险、家庭信托和家族信托等金融工具。

221　哪些人寿保险具有财富传承功能？

　　人寿保险，特别是大额终身寿险，能通过指定受益人，实现财富传承，还可以避免法定继承和遗嘱继承过程中的诸多烦琐程序，在被保险人身故时，传承给保险合同指定的人一笔确定金额的财富。

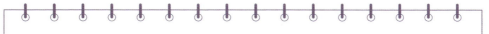

拓展阅读

什么是受益人？

受益人是指人身保险合同中由被保险人或者投保人指定的享有保险金请求权的人，可以为一人或数人。人身保险的受益人由被保险人或者投保人指定。投保人指定、变更受益人时须经被保险人同意。被保险人为无民事行为能力人或者限制民事行为能力人的（比如未成年子女），可以由其监护人指定受益人。

222　人寿保险为什么具有财富传承功能？

指定受益人，避免继承纠纷。根据《保险法》第四十条规定，被保险人或者投保人可以指定一人或者数人为受益人。受益人为数人的，被保险人或者投保人可以确定受益顺序和受益份额；未确定受益份额的，受益人按照相等份额享有受益权。人寿保单保险金的传承规则见图15-1。同时，《保险

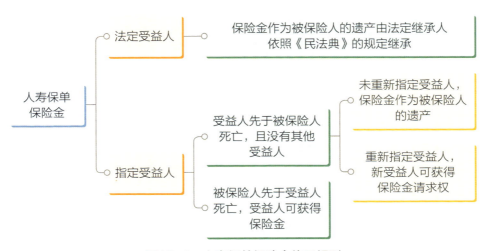

图15-1　人寿保单保险金传承规则

法》还对被保险人确认、无受益人情形、受益人变更等内容进行了规定。

保险金具有专属性，可以有效债务隔离。一是被保险人债务方面，在指定了受益人的情况下，人寿保险可以有效隔离被保险人生前的债务。保险公司支付给受益人的保险金不属于被保险人遗产，无须承担被保险人生前债务。二是受益人债务方面，对于受益人的债权人，也不能对其行使代位权。《保险法》第二十三条规定，任何单位和个人不得非法干预保险人履行赔偿或者给付保险金的义务，也不得限制被保险人或者受益人取得保险金的权利。也就是说，人寿保险的指定受益人对保险公司享有的保险金请求权属于其专属债权，在保险公司向被保险人或受益人支付保险金之前，受益人的债权人无法行使代位权。人寿保险金不会被冻结或强制执行，但如果作为债务人的受益人已经实际取得了保险金，在被保险人或受益人对外负债的情况下，这笔保险金还是有被强制执行的可能，各地法院执行情况不一。三是投保人债务方面，因人寿保险退保后的现金价值属于投保人，人寿保单能够隔离投保人的债务。现金价值是否会被强制执行仍存在争议。目前，在投保人不主动解除保险合同的情况下，各地法院对保单的现金价值是否强制执行情况不一。

婚前财产投保，防止财产混同。使用婚前财产投保人寿保单，受益人婚后取得的被保险人身故保险金属于夫妻一方个人财产，不能作为夫妻共同财产分割。如果婚后申请保单贷款用于家庭共同生活支出，属于夫妻共同债务，不影响个人财产。

提早合理规划，降低税务风险。根据《个人所得税法》第四条规定，个人所得的保险赔款免交个人所得税。但对于没有发生保险事故的分红保险红利及其利息及万能账户等账户价值不属于"保险赔款"，并不能免税。虽然我国目前尚未开始征收遗产税，但通过指定受益人的人寿保单，可以降低税务风险。根据前面的分析，对于指定了受益人的保单，被保险人身故后，身故保险金应给付给受益人，不作为被保险人遗产处理。因此，受益人可以直接获得身故保险金，避免了因"继承遗产"而缴纳的高额遗产税。

223　如何通过人寿保险实现财富传承？

梳理现金需求。如果把现金财富传给家人，那么需要考虑应该在哪些时间，预估传给他们多少钱。通常来讲，除了日常生活费之外，比较重要的花费分为教育金、婚嫁金、创业金和养老金几类。

梳理保障需求。具有传承功能的保险主要有年金保险和终身寿险。年金保险能够实现生前分阶段、分批次的现金传承；终身寿险则是身故后一次性的现金传承。目前市场上，身故责任保障也会和其他类型保险产品结合，比如终身重大疾病保险、意外伤害保险等，也会带有人寿保险的保障功能，也就是身故保险金。

合理规划调整。对于自身财富情况及家人需求进行全面梳理后，可以通过专业的保险顾问制定相应的现金传承计划。制定计划时，要充分考虑自身家庭的资产情况、未来预期的收入情况，将预留给自己的现金资产和将来要传承给子女的资产进行区分。根据传承计划进行保险产品配置后，还要及时根据家庭变故情况进行调整。

224　保险财富传承的优势是什么？

安全性高。通过保险资产传承，可以有效隔离投保人、被保险人和受益人债务，确保资金专属性，使个人财产以保险金的形式顺利实现传承。

成本更低。相较于房产等资产传承的高额税赋，受益人领取保险金不征收个人所得税，当前我国暂未征收遗产税，保险财富传承能够实现合理避税。此外，相较于资产传承繁复的继承程序，保险财务传承流程简单高效，更加节省时间与精力。

指向性强。保险资产传承可以根据投保人、被保险人的需求以及个人情况进行配置，灵活选择适合自己的保险产品和受益人，按照投保人和被保险人意愿实现精准定向财富传承。

私密性高。不同于遗嘱内容需向其他继承人公开，保险合同内容无须公开，最大可能地避免不必要纠纷，同时被保险人和受益人的信息也不会被公开，可以有效地保护隐私。

225 什么是家庭信托？

家庭信托又称家庭服务信托，是家庭财富管理的一种工具，由符合相关条件的信托公司作为受托人，接受单一自然人委托，或者接受单一自然人及其家庭成员共同委托，提供风险隔离、财富保护和分配等服务。家庭信托结构见图15-2。

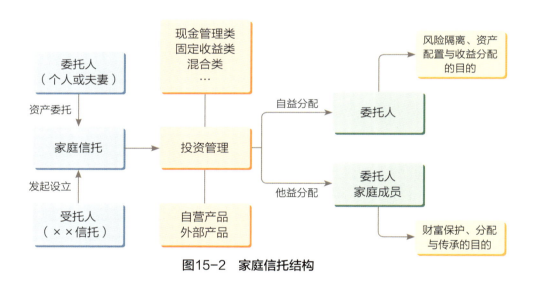

图15-2 家庭信托结构

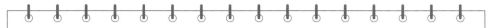

拓展阅读

什么是家庭财富管理？

家庭财富管理是相对于个人资产管理的概念。个人资产管理是从自身风险收益偏好出发，要满足个人投资目标，且投资目标往往要平衡收益、风险和流动性。家庭财富管理，本质是事件管理，即通过各类工具做家庭各类事件的规划。

家庭成员的人生事件，如子女教育金规划、婚育金安排、长辈养老金规划、医疗风险的支出等，都要提前规划和决策。

226 家庭信托的主要功能是什么？

风险隔离。家庭信托财产"不在您名下"，且"可由您控制"。信托财产具有独立性，不受委托人和受益人其他财产的债务风险、财产纠纷等冲击，只可用于家庭信托服务。家庭信托能满足委托人创业经营风险隔离、婚前财产隔离的目的，也能成为单身、再婚人士的婚前财产隔离工具。

案例

李先生的独生女即将步入婚姻殿堂，李先生和太太为她准备了100万元的嫁妆，但女儿和未来女婿并未签署婚前协议，李先生担忧若女儿婚后感情不稳定，则可能面临婚内财产被分割的风险。因此，李先生选择通过家庭信托将嫁妆按时按需传承给女儿和女儿未来生育的子女，明确信托利益不属于女儿夫妻共同财产。通过家庭信托风险隔离、财富保护和分配的专属特性，保障财富在夫妻关系中的归属及传承受益人。

财富保护与传承。家庭信托的可他益性在于受益人为家庭成员。比如老年人可以指定子女或孙辈作为受益人，利用家庭信托保护子女或孙辈的权益，获取长期投资回报，达到保障家人健康，儿孙美满和财产安全的目的。

☆ 案例

陈先生78岁，有两个女儿，大女儿已成家，外孙25岁；小女儿40岁，是一名不婚主义者。陈先生担心小女儿的未来养老生活，同时希望将自己的部分财产传给外孙。因此，陈先生将家庭信托的受益人设定为外孙和小女儿，考虑到外孙年纪尚轻，对于财富没有形成成熟的管理理念，于是决定在外孙年满35岁时，再将财产分配给他。同时陈先生还担心小女儿年老时一个人照顾不好自己，设定家庭信托在小女儿满60岁时将财产分配给她，用作补充养老基金。陈先生通过成立家庭信托为两代子女未来生活做了提前规划。

财富分配。家庭信托的信托财产可以作为生活金、教育金、养老金、消费补贴、生育补贴、学业资助、创业资助等定向分配，可以提前为后代教育目标规划和教育金储备，为自己或家人规划补充养老金，可以作为强制储蓄的工具，化零为整。

案例

王女士独自抚养与前夫生育的儿子，由于王女士近期有再婚意向，为合理安排自己的婚前财产，避免再婚后夫妻共同财产混同可能产生的矛盾，出于提前安排儿子长期教育金的目的，王女士通过信托公司设立了专属的家庭信托。在信托计划中，指定儿子作为受益人，确保资金按王女士意愿为儿子所用。具体方案上，设立教育金，在儿子进入小学后开始每年分配一次，以保证学费相关费用的支出，等儿子大学毕业，将信托财产作为成人礼一次性分配，作为儿子踏入社会的启动资金，寄予母亲的祝福。

227 家庭信托的起投金额是多少？

《关于规范信托公司信托业务分类的通知》（银保监规〔2023〕1号）中规定，家庭信托初始设立时的实收信托应不低于100万元。

小贴士

实收信托指信托项目所取得的委托人以现金和非现金资产设立信托的财产初始价值以及以其他方式转增信托的资产价值。

228 家庭信托的收费标准如何？

开展家庭信托业务的信托公司对于该业务收费标准或有不同。以某信托公司为例，其家庭信托的账户管理费率通常在每年2‰~3‰。例如，100万元的信托财产每年收3‰（3000元）的管理费，5年收1.5%（15000元），10年收3%（30000元）。

229 家庭信托的委托人有年龄要求吗？

没有年龄要求。以某信托公司的家庭信托计划为例，从其真实委托人年龄分布来看，委托人年龄并未如想象中以老年人为主，30（含）~40岁、40（含）~50岁、50（含）~60岁以及60（含）~70岁的委托人分布较为均匀（见图15-3）。

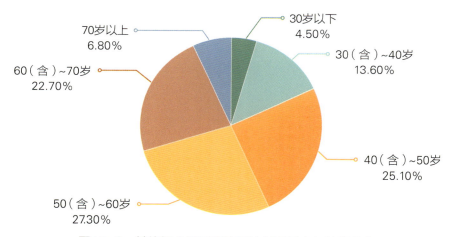

30岁以下
4.50%

30（含）~40岁
13.60%

40（含）~50岁
25.10%

50（含）~60岁
27.30%

60（含）~70岁
22.70%

70岁以上
6.80%

图15-3　某信托公司家庭信托计划委托人年龄段分布

230　家庭信托的存续期是多久？

家庭信托的存续期不得低于5年。以某信托公司的家庭信托计划为例，其大部分的投资者设立的信托期限为5年，也有选择10、30年的。投资期限由投资者进行开放式选择。

231　家庭信托的投资范围有哪些？

家庭信托投资范围限于以同业存款、标准化债权类资产和上市交易股票为最终投资对象的信托计划、银行理财产品以及其他公募资产管理产品。

232　家庭信托的服务对象有哪些？

家庭信托是一种普惠型金融工具，主要是帮助广大中等收入家庭提前规划家庭财富资产配置和未来收益分配计划，更好地实现财富传承。比如诸多信托公司推出了养老主题的家庭信托产品，委托人可以通过成立家庭信托，通过组合个性化的投资及分配方案，为家人和自己做养老规划。

233　什么是家族信托？

家族信托是指信托公司接受单一个人或者家庭的委托，以家庭财富的保护、传承和管理为主要信托目的，提供财产规划、风险隔离、资产配置、子女教育、家族治理、公益（慈善）事业等定制化事务管理和金融服务的信托业务。家族信托初始设立时，实收信托应不低于1000万元。单纯以追求信托财产保值增值为主要信托目的、具有专户理财性质的信托业务不属于家族信托。

234 家庭信托和家族信托有什么区别?

家庭信托和家族信托在设立起点、存续期限、信托目的、可投资资产、委托人、受益人方面有所不同（见表15-1）。

表15-1　家庭信托和家族信托的区别

类别	设立起点	存续期限	信托目的	可投资资产
家庭信托	100万元	不低于5年	主要为家庭成员提供全方位的财富管理和保障服务	标准化债权类资产和上市交易股票的信托计划、银行理财产品以及其他公募资产管理产品
家族信托	1000万元	通常30年以上甚至更长	侧重于家族财富的传承和管理	现金、金融产品、股权、期票、保单、不动产等

类别	委托人	受益人
家庭信托	单一自然人、单一自然人及其家庭成员	没有明确要求，既可以仅为委托人自身，也可以是委托人及其家庭成员
家族信托	单一自然人、单一自然人及其亲属	必须有他益安排，即委托人不得为唯一受益人，可以为委托人、委托人的亲属、慈善信托或慈善组织

 小贴士

　　家庭成员包括配偶、父母、子女和其他共同生活的近亲属。近亲属包括配偶、父母、子女、兄弟姐妹、祖父母、外祖父母、孙子女、外孙子女，即只有配偶和三代以内的直系血亲。

　　亲属包括配偶、血亲和姻亲。"亲属"的范围较"家庭成员"要广泛得多。

自益指委托人以自己为唯一受益人而设立的信托，这种情况下，委托人和受益人是同一人。

他益指委托人不以自己为唯一受益人，以其他人或与其他人一起作为受益人而设立的信托。

第十六章　国家电网公司养老金融特色服务

235　公司的"大养老"体系是怎样的?

公司坚持"法定保障＋养老金融＋资源开发"策略,构建"大养老"体系,在组织各单位为员工做好基本养老、企业年金、个人养老金三支柱养老金融管理和服务的同时,持续研究加强养老业务与金融投资、健康医疗等业务的协同,为员工寻求更多优质养老资源和服务产品。

236　公司如何保障员工养老保险账户的完备性?

公司落实"应保尽保,应缴尽缴"要求,组织开展全系统员工社保账户风险排查,超前化解参保年限不准确、缴费基数不准确、账户信息不完整、转移接续不及时等四类问题,并应用智能化手段,加强社会保险合规管理与在线监控,实现社保账户风险实时预警。组织各单位高质量开展退休业务"两审一核查"工作,提前一至两年开展职工退休地、出生日期、参加工作时间、缴费年限等关键信息审核及档案预审,及时化解影响职工退休待遇的各类风险,守护好职工每一分养老钱。

237 公司的企业年金是怎样管理的?

公司企业年金采取"统一政策、分级运营"的管理模式,即公司制定统一的管理办法和年金方案,统一招标确定管理机构备选范围,各单位独立建立企业年金,制定本单位企业年金实施方案并履行日常运营监管职责。公司以"养老金产品池、风控资源共享平台、企业年金资讯、管理机构绩效考评"为主要载体和工具,探索出一套成熟有效的特色做法,形成了各单位主体作用充分发挥、公司统筹集约的运营格局。

238 公司员工能否自主选择个人的企业年金投资策略?

随着我国多层次养老保障体系不断完善,员工养老投资理财意识逐渐增强,根据员工风险偏好对年金投资实行风险分层管理已成为重要发展趋势。自2022年起,公司按照"风险分层、差异投资、员工自选、企业统筹"总体思路,分批次推进年金投资个人选择试点工作,各试点单位因地制宜、突破创新,结合管理实际研究探索出了多种运行模式。

下一步,公司将在总结年金投资个人选择试点经验及有关课题研究成果的基础上,形成基于风险偏好的资金配置方案自选投资管理模式,推动各年金计划根据权益资产配置比重不同,设置多种年金资金配置方案供员工自主选择。

239 公司如何助推个人养老金制度落地实施?

公司按照"应知尽知、愿参尽参"的原则,公司将推进个人养老金制度落地实施作为重点工作进行部署,在2022年10月印发《推进个人养老金制度落地实施行动计划（2022—2023年）》，明确了20项重点任务，系统指导各单位为员工参与个人养老金制度提供全过程支撑服务。

主要举措有以下五个方面：

（1）第一时间宣传解读政策，遴选合作银行，组织员工批量开户。

（2）深入基层一线，开展有温度的现场服务，面对面讲解，手把手解决问题。

（3）建设养老金融服务平台，链接市场优质资源，提供全品类个人养老金投资产品的查询服务。

（4）印发《养老金融知识普及行动计划（2023—2024年）》，围绕"普及养老金融知识，唤醒养老储备意识"主题，开展投资者教育活动。

（5）组织探索开发养老金融产品和养老服务资源，满足员工多样化的养老需求。

240 公司的养老金融服务专区有哪些特色功能？

在公司统一平台"i国网"App中建设养老金融服务专区（见图16-1），全面整合养老保险三大支柱有关员工服务功能，打造集政策宣传、产品信息、在线直购、账户查询、待遇测算、咨询服务等功能于一体的便捷化、一站式养老金融服务平台。建设"产品超市"，提供四类个人养老金投资产品信息，引入专业机构评级并设置多维度筛选指标，为员工投资提供专业参考。开通"咨询专线"，依托公司内外部机构和在线智能机器人，多渠道提供咨询服务。建设"投资课堂"，包括政策解读、操作指南、热点资讯、养老金融知识和分享交流五个模块，提供文字、长图、视频等不同形式的学习资源。

图16-1 养老金融服务专区首页

附录一

金融行业相关机构简介

一、金融监管机构

1. **中国人民银行**是国务院组成部门，是中华人民共和国的中央银行，在国务院领导下，制定和执行货币政策，防范和化解金融风险，维护金融稳定。

2. **国家金融监督管理总局**是在中国银行保险监督管理委员会基础上组建的国务院直属机构，负责贯彻落实党中央关于金融工作的方针政策和决策部署，把坚持和加强党中央对金融工作的集中统一领导落实到履行职责过程中，依法对除证券业之外的金融业实行统一监督管理。

3. **中国证券监督管理委员会**是国务院直属机构，负责贯彻落实党中央关于金融工作的方针政策和决策部署，把坚持和加强党中央对金融工作的集中统一领导落实到履行职责过程中，依法对证券业实行统一监督管理。

二、金融行业自律组织

1. **中国银行业协会**是经中国人民银行和民政部批准成立，并在民政部登记注册的全国性非营利社会团体，是中国银行业自律组织。

2. **中国证券业协会**是依据《证券法》和《社会团体登记管理条例》的有关规定设立的证券业自律性组织，属于非营利性社会团体法人，接受证监会和民政部的业务指导和监督管理。

3. **中国证券投资基金业协会**是依据《证券投资基金法》和《社会团体登记管理条例》，在民政部登记的社会团体法人，是证券投资基金行业的自律性组织，接受证监会和民政部的业务指导和监督管理。

4. **中国保险行业协会**是中国保险业的全国性自律组织，是自愿结成的非营利性社会团体法人，保险业协会的业务主管单位是国家金融监督管理总局，登记管理机关是民政部。

5. **中国保险资产管理业协会**是经国务院同意，民政部批准，国家金融监督管理总局直接领导，保险资产管理行业自愿结成，专门履行保险资产管理自律职能的全国性金融自律组织。

6. **中国信托业协会**是全国性信托业自律组织，是经原中国银行业监督管理委员会同意并在民政部登记注册的非营利性社会团体法人。现接受业务主管单位国家金融监督管理总局和社团登记管理机关民政部的指导、监督和管理。

三、养老相关金融机构

1. **政策性银行**是指由政府创立，以贯彻政府的经济政策为目标，在特定领域开展金融业务的不以营利为目的的专业性金融机构。1994年中国政府设立了国家开发银行、中国进出口银行、中国农业发展银行三大政策性银行，均直属国务院领导。2015年3月，国务院明确国开行定位为开发性金融机构。

2. **商业银行**是依照《银行法》和《公司法》设立的吸收公众存款、发放贷款、办理结算等业务的企业法人。

3. **国有商业银行**是指由国家直接管控的大型商业银行，包括中国工商银行、中国农业银行、中国银行、中国建设银行、交通银行、中国邮政储蓄银行。

4. **股份制商业银行**是指具有法人地位，由多名投资者按照一定比例持有其股权并共同经营管理的商业银行。

5. **城市商业银行**是中国银行业的重要组成和特殊群体，其前身是20世纪80年代设立的城市信用社，当时的业务定位是为中小企业提供金融支持，为地方经济搭桥铺路。

6. **农村商业银行**是由辖内农民、农村工商户、企业法人和其他经济组织共同入股组成的股份制的地方性金融机构。

7. **理财公司**是指在中华人民共和国境内依法设立的商业银行理财子公司，以及国家金融监督管理总局批准设立的其他主要从事理财业务的非银行金融机构。

8. **保险公司**是指经国务院保险监督管理机构批准，依照《保险法》和

《公司法》设立的从事经营保险业务的法人。

9. **人寿保险公司**指以人身保险为主要业务的保险公司。人身保险是以人的寿命和身体为保险标的的保险。当被保险人发生死亡、伤残、疾病、年老等风险事故时或者达到合同约定的年龄、期限时，保险公司按照保险合同约定提供经济补偿或给付保险金。

10. **养老保险公司**是指主要经营与养老相关业务的保险公司。养老保险公司可以申请经营以下部分或全部类型业务：一是具有养老属性的年金保险、人寿保险，长期健康保险，意外伤害保险；二是商业养老金；三是养老基金管理；四是保险资金运用；五是国务院保险监督管理机构批准的其他业务。

11. **保险资产管理公司**是指经国家金融监督管理总局批准，在中华人民共和国境内设立，通过接受保险集团（控股）公司和保险公司等合格投资者委托、发行保险资产管理产品等方式，以实现资产长期保值增值为目的，开展资产管理业务及国务院金融管理部门允许的其他业务的金融机构。

12. **基金管理公司**是指经中国证券监督管理委员会批准，在中国境内设立，从事证券投资基金管理业务的企业法人。

13. **信托公司**是指依照《公司法》和《信托公司管理办法》设立的主要经营信托业务的金融机构。信托业务是指信托公司以营业和收取报酬为目的，以受托人身份承诺信托和处理信托事务的经营行为。

附录二

常见养老金融相关名词解释

1. **国内生产总值（GDP）** 是一个国家（或地区）所有常住单位在一定时期内生产活动的最终成果，是国民经济核算的核心指标，也是衡量一个国家或地区经济状况和发展水平的重要指标。

2. **居民消费价格指数（CPI）** 是反映一定时期内城乡居民所购买的生活消费品和服务项目价格变动趋势和程度的相对数，是对城市居民消费价格指数和农村居民消费价格指数进行综合汇总计算的结果。

3. **生产价格指数（PPI）** 理论上应涵盖所有产业的生产者价格指数，即包括农业生产者价格指数、工业生产者价格指数和服务业生产者价格指数。工业生产者价格指数是其中的重要组成部分，由于历史及技术原因，目前许多国家编制和发布的PPI仅指工业生产者出厂价格指数。工业生产者出厂价格指数，是反映工业生产企业产品出厂价格水平变动程度的相对数。

4. **养老金替代率** 是指劳动者退休时的养老金领取水平与退休前工资收入水平之间的比率，是衡量退休后生活保障水平的重要指标。

5. **抚养比（抚养系数）** 是指在人口当中，非劳动年龄人口对劳动年龄人口数之比。抚养比越大，表明劳动力人均承担的抚养人数就越多，即意味着劳动力的抚养负担就越严重。

6. **基本养老保险** 是国家根据法律、法规的规定，强制建立和实施的一种社会保险制度。

7. **企业年金** 是企业及其职工在依法参加基本养老保险的基础上，自主建立的补充养老保险制度。

8. **职业年金** 是指机关事业单位及其工作人员在参加机关事业单位基本养老保险的基础上，建立的补充养老保险制度。

9. **个人养老金** 是指政府政策支持、个人自愿参加、市场化运营、实现养老保险补充功能的制度。

10．**商业养老金**是由养老保险公司经营，通过双账户模式为个人提供集养老规划、账户管理、资金管理和风险管理等服务于一体的创新型养老金融业务，是第三支柱养老保险的重要组成部分。

11．**特定养老储蓄产品**是指由银行与储户双方事先约定存款期限、计息规则、结息方式以及支取条件，并按合同约定条件支取本息的一种人民币定期存款产品。

12．**养老理财产品**是指经监管部门批准，由理财公司设计并发行的以养老为目的的理财产品。

13．**养老目标基金**是指以追求养老资产的长期稳健增值为目的，鼓励投资人长期持有，采用成熟的资产配置策略，合理控制投资组合波动风险的公开募集证券投资基金。

14．**养老目标日期基金**是根据投资者退休日期来构建投资策略的养老目标基金，随着所设定目标日期的临近，逐步降低权益类资产的配置比例，增加非权益类资产的配置比例。

15．**养老目标风险基金**是根据特定的风险偏好设定权益类资产、非权益类资产的基准配置比例，或使用广泛认可的方法界定组合风险，并采取有效措施控制组合风险的养老目标基金。

16．**下滑曲线**是养老目标日期基金资产配置的"路线图"，"下滑"的是权益资产的配置比例。随着设定目标日期的临近，养老目标日期基金逐步降低权益类资产的配置比例，增加非权益类资产的配置比例，匹配不同年龄阶段的风险承受能力。

17．**专属商业养老保险**是按照原银保监会发布的《关于开展专属商业养老保险试点的通知》中的专属商业养老保险业务方案而开发设计的，以养老保障为目的的、领取年龄在60周岁及以上的年金保险产品。

18．**终身寿险**是指按照保险合同约定，以死亡为给付保险金条件，且保险期间为终身的人寿保险。

19．**增额终身寿险**是终身寿险的一种。一般终身寿险的保额是固定的，而增额终身寿的有效保额每年以一定比例复利递增，一直持续终身，由此得名"增额"。

20．**两全保险**是指按照保险合同约定，在保险期间内以死亡或保险期满时生存为给付保险金条件的人寿保险。两全保险同时具有保障和储蓄功能，但比起一般的终身寿险，储蓄功能更为突出。

21．**年金保险**是指按照保险合同约定，以被保险人生存作为给付保险金的条件，按约定分期给付生存保险金，且分期给付生存保险金的间隔不超过一年（含一年）的人身保险。

22．**商业养老金双账户模式**是商业养老金通过锁定账户管理长期养老储备，通过持续账户管理中期养老资金，满足不同年龄客户差异化养老资金储备需求的账户管理模式。

23．**养老信托**是信托公司以信托的基本要素为前提，接受委托人委托，将信托财产按委托人意愿，以自己的名义，为受益人提供个人养老、养老服务或养老相关产业开发等受托服务的行为或安排。

24．**居家养老服务**是指政府和社会力量依托社区，为居家的老年人提供生活照料、家政服务、康复护理和精神慰藉等方面服务的一种服务形式。

25．**社区养老**是以家庭为核心，依托社区为老年人提供生活照料、家政服务、康复护理和精神慰藉等多方面服务的一种养老形式。

26．**机构养老**是指由养老机构为入住老年人提供饮食起居、清洁卫生、生活护理、健康管理、安宁疗护、文体娱乐活动和委托服务等综合性服务的养老模式。

27．**以房养老**是指通过将自己的产权房屋以抵押、出租出售或遗赠扶养等方式换取一定数额养老金或老年公寓服务的养老方式。

28．**贷款市场报价利率（LPR）**是银行各类贷款利率定价的主要参考基准，是由18家商业银行按公开市场操作利率加点形成的方式共同报价，由人民银行授权全国银行间同业拆借中心计算得出并公布的。

29．**内部收益率（IRR）**是资金流入现值总额与资金流出现值总额相等、净现值等于零时的折现率，是衡量投资项目预期收益率的指标。

30．**年化收益率**是投资期限为一年所获得的收益率，是把当前收益率换算成年收益率来计算的一种理论收益率。

31. **夏普比率**是衡量投资组合风险调整收益的指标，目的是计算投资者承受的每一单位风险所获得的额外收益。

32. **存款准备金率**是中央银行要求金融机构必须缴存中央银行的法定存款准备金占其存款总额的比率。

33. **降准和降息**是中央银行用来调控货币供应量、实现宏观经济目标的货币政策工具。降准是指中央银行下调金融机构的存款准备金率，降息是指中央银行下调金融机构存款和贷款基准利率。

34. **社会融资规模**是一定时期内实体经济从金融体系获得的全部资金总额，是反映金融对实体经济资金支持的指标。

风险提示

　　本书内容仅作为宣传及服务参考，书中的所有信息或所表达意见不构成投资、法律、会计或税务的最终操作建议，在任何情况下，不作为对投资人的任何实质性建议或承诺。投资产品的过往业绩并不预示其未来表现，投资产品管理人管理的其他投资产品的业绩并不构成投资业绩表现的保证。投资者需根据自身的风险承受能力、投资期限和投资目标，谨慎选择合适的产品并详细阅读产品法律文件。

　　市场有风险，投资需谨慎。